Célibataire et heureux

dans un monde de couples

Harold J. Sala

Célibataire et heureux

dans un monde de couples

La Maison de la Bible
Genève — Paris

Originally published in English under the title *Joyfully Single in a Couple's World* by Harold Sala.

Les textes bibliques sont tirés de la Bible Segond revue, Nouvelle Edition de Genève, 1979

Chemin de Praz-Roussy 4 bis,
CH 1032 Romanel-sur-Lausanne
Internet: http://www.bible.ch
E-mail: cmd@bible.ch
Diffusion en France: La Maison de la Bible
B.P. 19, F 69813 Tassin
19 rue des Tournelles, F 74100 Ville-la-Grand
Internet: http://www.maison-bible.fr
E-mail: maisonbible@wanadoo.fr
Imprimé en UE
ISBN 2-8260-3417-0

Table des matières

Préface

On m'a dit un jour: "Les circonstances de votre vie ne changeront peut-être pas tout de suite, mais votre attitude peut changer, et c'est cela qui fait toute la différence." Cet ouvrage traite de la décision d'éprouver de la joie, quelles que soient les circonstances de votre vie.

Je considère Suzanne comme une héroïne: son amour pour Dieu et pour la vie est contagieux. Les circonstances ne lui ont pourtant pas toujours été favorables. Adolescente, Suzanne s'est révoltée contre sa famille et a perdu la foi. Elle admet avoir mal choisi ses fréquentations.

Adulte et toujours célibataire, elle est tombée sur ce passage bien connu de l'Ecriture: "Ne vous inquiétez de rien; mais en toute chose faites connaître vos besoins à Dieu par des prières et des supplications, avec des actions de grâces. Et la paix de Dieu, qui surpasse toute intelligence, gardera vos cœurs et vos pensées en Jésus-Christ" (Philippiens 4:6-7).

Suzanne est une femme déterminée, aussi a-t-elle décidé de se mettre en quête de cette joie au lieu d'attendre que "cela lui arrive tout seul". Elle s'est engagée à remettre chaque jour son anxiété à Dieu, à le prier avec des actions de grâces intérieures et à voir ce qui se passerait dans sa vie. Malgré l'absence de changement immédiat dans les circonstances extérieures, elle a commencé à éprouver de la joie parce qu'elle avait pris activement de meilleures décisions quant à sa relation avec Dieu et avec son entourage. Suzanne rayonne aujourd'hui d'une joie profonde.

Vous lirez dans le merveilleux ouvrage du Dr Sala que la joie est un choix. Elle est le fruit de sages décisions quant à la vie et quant à l'avenir. Attention! Ne remettez pas vos décisions à plus tard! Pour porter du fruit demain, elles doivent être prises dès aujourd'hui. La mise en pratique des principes présentés dans *Célibataire et heureux dans un monde de couples* vous enseignera une sagesse pratique.

Suzanne s'est mariée récemment, et je lui ai demandé ce qu'elle ressentait en obtenant enfin ce que son cœur désirait, après une si longue attente. Sa réponse mérite d'être citée ici: "J'ai eu la chance de trouver la paix avec Dieu avant mon mariage, car sinon, j'aurais apporté dans mon couple toutes ces *valises* que je traînais avec moi, et je n'aurais toujours pas trouvé la joie. La paix que j'éprouve actuellement tient plus à ma relation avec Dieu qu'à mon mariage."

Je ne connais guère de personnes plus douées de sagesse que le Dr Sala, et ses conseils vous seront d'un bénéfice éternel ici-bas. Il ne propose pas de solutions à l'eau de rose, mais suggère plutôt de "retrousser ses manches et de prendre le taureau par les cornes". Chaque page vous mettra au défi d'oser imaginer, puis devenir, la personne de vos rêves. En prenant les bonnes décisions et avec la grâce de Dieu, vous pouvez réellement connaître la joie d'être un célibataire heureux dans un monde où le couple est roi!

A vous de jouer!

Jim Burns, docteur en psychologie,
président du *National Institute of Youth Ministry*

Introduction

Une part croissante de notre société est souvent traitée comme quantité négligeable. Peu appréciés du plus grand nombre et souvent incompris, ces hommes et ces femmes pleins de talents représentent une diversité d'opinions, de modes de vie et d'origines plus grande que tout autre groupe social. J'ai la conviction qu'ils forment la minorité la plus importante et la moins bien comprise: celle des hommes et des femmes célibataires.

Avant tout, je tiens à préciser que cet ouvrage n'est pas un livre scientifique *au sujet* des célibataires. Il ne vise pas à les analyser en les définissant comme un phénomène étrange qui trouverait son origine dans l'hésitation croissante, rencontrée aussi bien chez les hommes que les femmes, à assumer les responsabilités de la vie conjugale; ni à répertorier leurs caractéristiques, à la façon d'un savant penché sur une espèce de coléoptères dans une zone reculée du monde. Ce livre est adressé aux célibataires et écrit *pour* eux.

J'ai été moi-même célibataire avant que Dieu ne me fasse rencontrer la merveilleuse jeune fille qui est devenue ma femme, et depuis trente-cinq ans que je pratique la relation d'aide, j'ai été amené à travailler avec nombre de célibataires. Dans les années 1970, j'ai commencé à organiser des séminaires pour les familles, et nous nous sommes vite aperçus que la majorité de nos interventions n'étaient destinées qu'à une partie du corps du Christ: les couples mariés. Au cours de mes tournées de conférences, j'ai rencontré de nombreux célibataires, et la plupart d'entre eux comptent parmi les personnes les plus révoltées et les plus frustrées qu'il m'ait été donné de connaître. Ils m'ont souvent dit qu'ils se sentaient négligés par Dieu, irrités voire furieux contre lui et surtout contre ceux qui passaient leur temps à poser un diagnostic sur leur solitude et s'efforçaient de "guérir" leur célibat en leur faisant rencontrer des gens dont ils n'avaient que faire. Je me suis alors intéressé aux besoins des célibataires, organisant des séminaires et écrivant des articles à ce sujet, mais surtout je les ai écoutés et aimés. Je me suis attaché ensuite à aider les pasteurs, administrateurs et dirigeants à comprendre les besoins spécifiques des célibataires et à les traiter avec tout le respect auquel ils ont droit en tant qu'enfants de Dieu.

Un jour au petit-déjeuner, je discutais de ce livre avec mon fils de 31 ans, célibataire et comblé par la vie. Steve m'a alors demandé (d'un ton quelque peu soupçonneux): "Papa, quel est l'objectif principal de ton livre?" J'ai pris quelques secondes de réflexion avant de lui répondre: "Steve, mon but est d'aider les célibataires à comprendre qu'il leur est possible de trouver paix et contentement dans leur situation, qu'ils n'ont pas besoin d'être mariés pour être heureux. Je veux les aider à accepter qui ils sont et à découvrir où Dieu veut les conduire pour leur vie et leur avenir." La clé de la paix intérieure et de l'épanouissement personnel consiste à trouver l'aide de Dieu pour répondre aux besoins présents.

"Si j'étais marié(e), je serais heureux (heureuse)." Combien de fois ai-je entendu cette phrase! Quelle illusion! Si vous êtes malheureux en tant que célibataire, ce n'est pas le mariage qui vous fera changer de perspective; il peut même aggraver les choses. Certains célibataires voudraient être mariés, mais beaucoup d'hommes et de femmes mariés voudraient être célibataires! Le contentement est un choix, une décision que l'on prend, et l'on peut y goûter que l'on soit célibataire ou marié.

Vous êtes célibataire, et alors? Une chose est sûre: dans notre monde, le couple est roi. C'est du moins ce que croient la plupart des gens mariés. Nombre d'entre eux pensent que, puisqu'ils sont en majorité, ce sont eux qui font la loi, et ils peuvent vous le faire savoir en vous excluant des réunions fréquentées par des couples – invitations à dîner, vacances en commun et même parfois réunions de famille. La société a tendance à cataloguer les individus, et elle fait de l'autel du mariage la ligne de démarcation entre les couples et les célibataires. Certains sont si dépourvus de finesse qu'ils se croient drôles avec des remarques sarcastiques du genre: "Comment se fait-il que tu ne sois pas marié? Tu as un problème?" (A la prochaine occasion, essayez de leur répondre: "Comment se fait-il que tu ne sois pas célibataire? Tu as un problème?") D'autres se proposent généreusement de jouer les agences matrimoniales – ce que beaucoup de célibataires dans tous les pays abhorrent: "Je serais si heureux de te présenter ma cousine" (que vous avez déjà vue et n'avez pas pu oublier en raison de son aspect peu engageant). Vous avez envie de dire: "Laissez tomber, je sais très bien gérer ma vie sociale tout seul", mais vous n'osez pas. Cependant vous leur en voulez tant que vous bouillonnez intérieurement de colère et de ressentiment.

Quelques Eglises ont bien organisé des programmes destinés à répondre aux besoins spirituels et relationnels des célibataires, mais la plupart ne trouvent guère mieux que de les inviter à participer au service de la garderie ou à enseigner à l'école du dimanche. Dans beaucoup d'assemblées, rien ou presque rien de particulier n'est prévu pour les personnes seules. En réponse à leurs besoins si divers, on se contente d'organiser un cours fourre-tout dont le professeur, célibataire d'âge mûr, cherche lui aussi (on le constaterait si l'on pouvait lire dans ses pensées) le bon parti. Il n'existe qu'un groupe, dont les participants vont du "frais émoulu de l'université", à l'aîné de 80 ans et plus que son conjoint a précédé dans la gloire! Joe Bailey a dit tout haut ce que beaucoup pensent tout bas: "J'éprouve des difficultés avec les responsables d'Eglise (et les assemblées) qui considèrent les personnes seules comme une espèce bizarre dont ils ne savent que faire."[1]

Il est grand temps que nous arrêtions de penser aux familles uniquement en termes de couples, et que nous cessions de considérer le célibataire comme une anomalie (il doit y avoir un problème si tu as la trentaine et que tu n'es pas marié!) ou un élément sous-développé qui a besoin de soins pour parvenir à la maturité dans le mariage.

Je présume qu'en écrivant ce qui suit je ne fais que souligner une évidence, mais je dois néanmoins le faire: Jésus-Christ a été célibataire toute sa vie, et il vivait et travaillait dans un monde de couples, comme le nôtre aujourd'hui. Bien qu'ayant été élevé dans une famille avec au moins sept demi-frères et demi-sœurs, et bien qu'ayant passé du bon temps au sein de familles, Jésus n'a pas parlé avec mépris du célibat ni glorifié le mariage. Dans l'Evangile de Matthieu figure une discussion à propos du mariage et du divorce. Jésus y affirme que l'union conjugale existait depuis l'époque d'Adam et Eve. En entendant les paroles de Jésus, les disciples répondent: "Si telle est la condition de l'homme à l'égard de la femme, il n'est pas avantageux de se marier." Et Jésus de répliquer: "Tous ne comprennent pas cette parole... Car il y a des eunuques qui le sont dès le ventre de leur mère; il y en a qui le sont devenus par les hommes; et il y en a qui se sont rendus eux-mêmes eunuques, à cause du royaume des cieux. Que celui qui peut comprendre comprenne" (Matthieu 19:10-12). Voici ce qu'a dit Barb Sroka:

1. Joe Bailey, "Saved, Single and Second-Class", *Eternity* (mars 1983), p. 23

"Notre Seigneur n'était pas marié. Il est aussi celui que nous avons ordre d'imiter. Jésus a souvent parlé des désirs charnels, mais rarement des avantages et des inconvénients de la vie de couple ou du célibat."

Par ailleurs, plusieurs des hommes qui ont exercé une importante influence sur le monde du premier siècle pour l'amener à Dieu – Paul, Etienne, Marc et Timothée – vivaient seuls. Considérez l'impact de Paul, le rabbin fabricant de tentes: il a certainement plus contribué au développement théologique de la jeune Eglise et au Nouveau Testament que n'importe qui d'autre. Il vivait en célibataire quand il a écrit les treize lettres qui le mentionnent comme auteur. Pour ma part, je crois que Paul avait été marié et était veuf. En effet, selon la tradition, il était membre du sanhédrin, et un homme devait avoir au moins vingt ans et être marié pour appartenir à cet auguste organe. De plus, la perspicacité dont il faisait preuve en ce qui concerne la vie de couple et de famille paraît le fait d'un homme qui avait connu personnellement les joies et les frustrations du mariage.

J'ai écrit *Célibataire et heureux dans un monde de couples* avec la prière et l'espoir que Dieu vous aidera à trouver le contentement et l'épanouissement dans votre situation actuelle, car le contentement n'est pas une destination mais un compagnon de voyage.

Un dernier commentaire avant d'aller plus loin. Le mariage est une belle relation qui a été instituée par Dieu lui-même dans le jardin d'Eden. Ce n'est pas un appendice ajouté après coup au modèle créationnel; le mariage figure au cœur même de la volonté de Dieu pour la plupart des personnes. *Mais le mariage n'est pas pour tout le monde!* L'intention de Dieu n'était pas que chacun trouve le ou la partenaire idéal(e), vive en couple et ait des enfants. Certains s'épanouissent dans le mariage, d'autres dans le célibat. Il y a des personnes mariées qui connaîtraient des luttes si elles devaient vivre seules, tandis que d'autres, célibataires, ne pourraient pas faire face aux attentes et aux pressions de la vie de couple. Mais une chose est sûre: que l'on soit célibataire ou marié, on peut trouver le contentement, la paix et l'épanouissement.

Mettre une alliance en or à votre doigt ou dire "oui" dans une cérémonie de mariage ne fait pas de vous un individu à part entière. Vous l'êtes déjà! Célibataire ou marié, vous êtes quelqu'un d'unique, fait à l'image de Dieu. Il s'agit de l'affirmer et de ne jamais l'oublier. On peut vivre heureux comme célibataire dans un monde de couples. Tel est le message de ce livre.

1

Faire la paix avec vos rêves

"Si ma vie ne s'inscrit qu'entre les bornes de la naissance et de la mort, si ma vie n'a aucun sens éternel, pourquoi ne pas me jeter dans tous les plaisirs que je peux retirer de mon bref passage sur la terre?"[1]

R.C. Sproul

Vous êtes donc célibataire. Comment réagissez-vous, en tant que tel, aux réalités de la vie dans un monde de couples? Quel mot ou quelle expression décrirait le mieux ce que vous ressentez?

- Satisfait
- En recherche
- En colère
- Amer
- Agacé
- Déçu
- Frustré
- Pas à la hauteur
- Seul

1. R.C. Sproul, *Lifeviews: Understanding the Ideas That Shape Society Today* (Old Tappan, NJ: Revell, 1980), p. 137.

- Délaissé
- Malheureux
- Plein d'espoir
- Dans l'expectative
- Désorienté

Il existe autant de couples mariés que de célibataires. Vous faites donc partie d'une minorité. Je ne sais si la loi de la majorité l'emporte nécessairement, mais il est sûr que tel est le cas dans la pensée des couples mariés, car nous vivons dans un monde où le couple est roi, que cela vous plaise ou non – et de fait, cela ne vous plaît guère! Quand je demande à des célibataires de me décrire leur plus grande frustration, la façon dont on les traite dans ce monde de couples figure en tête de liste.

Je mentirais, malheureusement, si je disais que les choses sont en train de changer et que la génération actuelle se montre plus sensible et concernée. Les traditions et les préjugés ont la vie dure!

Or, dans le même temps, les rangs des célibataires ne font que grossir et se renforcer du fait que le monde rajeunit. En Chine, 50% de la population a moins de 27 ans. Cela signifie que bientôt, si ce n'est déjà fait, il y aura plus de personnes seules que de gens mariés.

A l'heure où j'écris, 40% des adultes aux Etats-Unis sont célibataires, et selon le chercheur George Barna, "un jour viendra, au début du 21e siècle, où la majorité des Américains vivront seuls"[2].

Il est également connu que les couples repoussent toujours plus tard la date de leur mariage. Aujourd'hui, l'âge moyen est de 24 1/2 ans pour les femmes et 26 1/2 ans pour les hommes. Les hommes et les femmes se marient quatre ans plus tard que leurs parents.

2. George Barna, "Marriage and Divorce Toward the Year 2000", *Single Adults Ministries Journal* (Colorado Springs, CO: janvier 1990), p. 3.

Guidelines (l'organisation qui préside à mon ministère) a récemment effectué un sondage auprès de 1000 célibataires. A une écrasante majorité, les personnes interrogées ont répondu qu'elles souhaitaient se marier un jour. La plupart des femmes attendaient que le prince charmant vienne les emporter sur son beau cheval blanc; quant aux hommes, ils n'attendaient plus que d'avoir le coup de foudre pour la jeune et belle créature qui ferait palpiter leur cœur.

Evidemment, tout le monde ne reste pas ainsi à ne rien faire en attendant que se présente la personne idéale. Il existe aussi une foule de jeunes gens et de jeunes femmes qui avancent dans la vie, se lancent dans une carrière gratifiante, achètent ce dont ils ont besoin, et à qui il reste encore un peu d'argent pour épargner et faire des projets d'avenir. Ceux-là souquent ferme des deux rames et avancent contre le courant.

Mais ce n'est pas le cas de tout le monde. Parmi les personnes les plus révoltées, amères et frustrées qu'il m'ait été donné de rencontrer figurent des célibataires convaincus que "Dieu a un plan pour ta vie" et qu'"à tout être humain correspond un plan divin"! Seulement, cela ne s'est pas réalisé. Ils ont ressenti l'appel de Dieu pour le servir en mission, y ont répondu, persuadés qu'ils rencontreraient dans la foulée l'élu(e) de leur cœur. Déversant à chaudes larmes leur amertume, ils me confiaient leur sentiment que Dieu les avait laissé tomber, qu'il les avait déçus.

Arrêtons-nous un instant. Dieu a effectivement un plan pour notre vie. Mais sa promesse de répondre à nos besoins implique-t-elle une bague de mariage? N'est-ce pas plutôt la société qui a introduit cette notion dans notre compréhension de la volonté de Dieu? Dès que les circonstances ne sont pas à la hauteur de nos attentes, nous nous sentons alors blessés, abandonnés, négligés et mis de côté.

Quelles sont vos chances?

Il y a quelques années a été publiée une étude indiquant que plus une femme est âgée et instruite, plus ses chances de se marier sont minces. Etude pour le moins alarmante et dérangeante! La nouvelle d'une catastrophe nucléaire n'aurait pas pu recevoir plus de publicité. Plus tard, d'autres études démontrèrent que ces prévisions pessimistes, qui alarmèrent tant de personnes, étaient faussées.

Quelles sont vos chances? D'après Barbara Lovenheim, "à quarante ans, une femme qui est toujours célibataire a une chance sur quatre de se marier. Dans le cas d'un homme, les chances sont de une sur trois"[3].

La solution serait donc de se marier avant que les autres ne se soient servis, n'est-ce pas? Pas nécessairement. Un mariage précoce ne garantit ni le bonheur ni la satisfaction. Etre la bonne personne est aussi important que d'épouser la bonne personne. Il existe un lien indubitable entre l'âge que l'on a et le sentiment d'épanouissement et de bonheur conjugal, notamment parce qu'avec l'âge on a une bien meilleure idée du genre de personne qu'on désire épouser et que l'on a acquis une plus grande maturité. (Si un homme de trente ans continue à jouer avec des petits bateaux dans la baignoire, il lui reste du chemin à parcourir!)

La réponse à la question: "Quelles sont vos chances?" est sans rapport avec les statistiques. En l'occurrence, c'est 100% ou 0%. Soit Dieu fait entrer dans votre vie la personne qui deviendra votre conjoint, soit il vous accordera la grâce et la force de trouver satisfaction et épanouissement dans le célibat.

Quand on a pris conscience que l'on peut se marier tout comme on peut rester célibataire, comment envisager l'avenir?

3. Barbara Lovenheim, *Beating the Marriage Odds: When You Are Smart, Single and over 35*, cité par Ray Mossholder dans *Singles Plus* (Lake Mary, FL: Creation House, 1991), p. 38.

Dans un monomoteur, voici les recommandations du manuel de procédures d'urgence en cas de panne de moteur: allumer les feux d'atterrissage de l'avion s'il descend en dessous de 300 m d'altitude. Ensuite, suggère le manuel, si vous êtes descendu à 50 m et que ce que vous voyez en dessous ne vous dit rien qui vaille, *éteignez vite les lumières!* C'est ce que font certains lorsqu'il s'agit de leur avenir. Ils gardent un optimisme béat ou au contraire ruminent de sombres pensées: "Je sais très bien que je finirai vieille fille (ou vieux garçon)!" Est-il intelligent d'éteindre les lumières ou de briser les voyants d'alerte sur le tableau de bord de l'avion?

Quel avenir désirez-vous réellement?

– Mariage
– Bonne réputation
– Argent
– Epanouissement
– Bonheur
– Satisfaction
– Toutes les mentions ci-dessus

Il y a bien des années, un célibataire qui vivait lui aussi dans un monde de couples réfléchissait sur sa vie personnelle et écrivait ceci: "Je sais vivre dans l'humiliation, et je sais vivre dans l'abondance. En tout et partout j'ai appris à être rassasié et à avoir faim, à être dans l'abondance et à être dans la disette" (Philippiens 4:12). Il aurait tout aussi bien pu ajouter "être marié ou célibataire".

La référence indiquée vous a sans doute aidé à identifier l'auteur de ces lignes: Paul, l'homme qui rédigea treize des épîtres du Nouveau Testament. Très peu de gens, qu'ils soient mariés ou célibataires, seraient en mesure de s'exprimer comme lui.

Laquelle des déclarations suivantes exprime le mieux vos sentiments de célibataire?

– Je suis tout le temps content.

– Je suis content la plupart du temps.

– Je suis parfois content.

– Je mentirais si j'affirmais l'une des phrases ci-dessus. Pour être franc, je n'en peux plus d'être célibataire et je voudrais me marier. Tout ce qui peut m'arriver ne peut qu'être une amélioration par rapport à ce que je ressens en ce moment.

Il y a des perpétuels insatisfaits. Dans le ciel le plus dégagé, ils remarqueront le seul nuage. Vous pouvez avoir le meilleur métier du monde, ils relèveront le petit détail qui cloche et vous le feront remarquer. Ils se croient très perspicaces, mais ce sont en fait des rabat-joie.

Paul affirmait avoir appris le secret de la satisfaction. Pouvons-nous apprendre de cet homme? Mon insatisfaction présente – que je sois marié ou célibataire – provient-elle du fait qu'il me manquerait quelque chose, quelque chose de très important?

Dans quelles circonstances Paul écrivit-il aux habitants de la colonie romaine de Philippes? Ecrivait-il devant la fenêtre d'une somptueuse villa avec vue sur la Méditerranée? Ou en se prélassant au bord de la piscine du Palace local, un cocktail à la main, dictant ses pensées à une créature de rêve installée près de lui? Pas vraiment! Paul était assigné à résidence, à Rome. On ignore s'il était enchaîné comme lorsqu'il écrivit à Timothée et à Tite, quelques années plus tard, mais il est certain qu'il était privé de liberté, de la capacité de se déplacer librement et de faire ce qu'il voulait quand bon lui semblait.

Visiblement, Paul puisait sa satisfaction à une autre source que nos contemporains. La biographie des hommes et des femmes qui ont marqué leur temps me fascine. J'ai beaucoup appris d'eux, en particulier le fait que la plupart de ces "grands" personnages sont tout aussi humains que les personnes ordinaires, sans ambition de grandeur, dont la vie banale n'est pas marquée par la célébrité qui fait souvent tant rêver. Paul avait lui aussi des hauts et des bas, mais il avait appris à vivre avec, d'une telle façon qu'il était en paix avec lui-même.

Qu'avait appris Paul qui puisse nous aider aujourd'hui?

Parvenir à la satisfaction dans la vie se fait par étapes que les célibataires doivent franchir s'ils veulent prendre leur avenir en main, quoi qu'il puisse leur réserver. On peut comparer ces étapes à une chaîne de montagnes faite de pics et de vallées que l'on doit traverser avant d'arriver à la plaine de la satisfaction. J'en distingue cinq.

1. Croire en la bonté de Dieu

Il y a quelques années, un homme qui dirigeait une organisation chrétienne très efficace trouva la mort dans un accident de voiture. Il était dans la force de l'âge, il exerçait une influence sur la vie de milliers, voire de millions de gens. A l'époque, on parla de mort tragique, d'un horrible accident. Beaucoup se demandaient: "Mais pourquoi donc, Dieu? Où étais-tu pour avoir permis une chose pareille?" Cet homme s'appelait Paul Little.

Peu avant sa mort, Little avait écrit un article dans un magazine où il affirmait que l'essentiel de notre théologie se résume à cette question: "Dieu est-il bon?" Little déclarait que si Dieu est essentiellement bon, alors tout ce qui nous arrive est permis par un Père céleste qui nous aime, dans un but que nous ne comprendrons sans doute jamais clairement, mais que nous pouvons accepter.

A la lecture de cet article, j'ai pensé: "Je n'en suis pas tellement convaincu. Il semble si simpliste de réduire la théologie à une seule prémisse." Puis je me suis mis à réfléchir à ce qu'il avait écrit, examinant plusieurs situations qui défient toute explication. Maintenant, je crois que Little avait raison.

En outre, tout célibataire qui vit dans un monde de couples est confronté à ce problème-là. *Dieu est-il un Dieu bon?* Quand on est convaincu qu'il est à la fois un Dieu personnel et bon, on apprend à lui faire confiance, un jour après l'autre. On ne cède plus à l'envie de lui reprocher ce qu'on estime indésirable pour soi, notamment le célibat.

2. Croire que ce qui nous arrive intéresse notre Père céleste

Tout ce que j'ai appris de Dieu, je l'ai reçu en étudiant sa Parole, la Bible. Quand j'ai étudié la philosophie, j'ai appris ce que certains pensaient de la vie et de notre monde, mais aucun philosophe ne m'a appris grand-chose sur Dieu lui-même. Les sciences m'ont montré une parcelle de l'immense puissance à l'œuvre dans l'univers. La science me démontre certains aspects de la création du Tout-Puissant, mais elle ne me dit pas grand-chose de Dieu. Seule la Bible y parvient.

L'apôtre Paul a dit que le jour où on croit en Jésus-Christ, on est littéralement adopté pour entrer dans la famille de Dieu et on devient son fils, d'une façon unique et toute particulière. "Et parce que vous êtes fils, Dieu a envoyé dans nos cœurs l'esprit de son Fils, lequel crie: Abba! Père! Ainsi tu n'es plus esclave, mais fils; et si tu es fils, tu es aussi héritier par la grâce de Dieu" (Galates 4:6-7).

Le mot choisi par Paul pour désigner le "fils" est le terme juridique qui s'appliquait au concept d'adoption dans le droit romain. Celui qui avait été adopté recevait tous les droits d'un fils légitime. Une fois adopté, outre le fait qu'on prenait le nom de son père adoptif, on n'était plus passible de poursuites pour les délits qu'on aurait pu commettre avant l'adoption. De plus, si d'autres enfants naissaient du couple adoptif, l'enfant adopté ne pouvait en aucun cas se voir retirer son héritage.

Quelle image remarquable! Si l'on prend conscience de ce que signifie être adopté par un couple plein d'amour, on voit tout de suite le parallèle avec la relation avec Dieu.

"Mais j'ai prié à ce sujet, et Dieu n'a pas entendu ma requête!" En êtes-vous si sûr? Avez-vous seulement envisagé que Dieu vous aime trop pour vous donner ce que vous avez demandé? Votre père terrestre vous aimait assez pour vous dire "Non!"; votre Père céleste peut donner la même réponse.

Ce que vous considérez comme une situation où vous avez tout à perdre est peut-être, en réalité, celle où vous avez le plus à gagner. Pensez à toutes les erreurs que Dieu vous a évitées alors que vous pensiez qu'il restait indifférent à votre sort et à vous-même. J'ai fait plus d'une fois cette prière: "Dieu sauve-moi de moi-même. Ta volonté est tellement meilleure que la mienne. Je t'en prie, Père, peu importe combien je tiens à ce que je te demande, c'est ta volonté que je préfère."

Ne ressemblez pas au jeune homme qui avait un faible pour les pâtisseries (et cela se voyait!) et qui priait: "Seigneur, si tu veux que je m'achète ce beignet fourré à la confiture, fais que je trouve une place de stationnement pile devant la pâtisserie." Devinez: il la trouva effectivement, mais c'était la sixième fois qu'il faisait le tour du pâté de maisons.

Très souvent, Dieu agit dans notre vie de façon discrète et silencieuse. Nous commençons à voir surgir de petits motifs et tout d'un coup – Boum! – tout se met en place. Alors, en regardant en arrière nous pouvons reconnaître la main ferme et tendre de Dieu; il a œuvré d'une façon qui nous avait totalement échappé à l'époque, car ce que nous attendions de lui était si différent de ce qu'il estimait bon pour nous.

Comment discerner les indices du travail de Dieu dans notre vie? Pensez aux petites choses et souvenez-vous que les grandes choses de la vie ne sont que la résultante des petites, ces choses que vous n'auriez jamais imaginé être le fruit de l'amour de Dieu pour vous.

Ce qui vous arrive ne laisse jamais Dieu indifférent. Dans le Sermon sur la montagne, Jésus a dit que chaque cheveu de notre tête était compté (Luc 12:7) – ce qui dans mon cas exige de Dieu un effort de moins en moins soutenu... Accepter les implications de cette vérité revient à dire que ce qui se passe dans ma vie personnelle, ce que je considère bon mais aussi ce qui me déçoit, ne doit jamais être envisagé comme laissant Dieu indifférent; c'est pourquoi je dois lui faire confiance pour répondre à mes besoins émotionnels et relationnels d'aujourd'hui, et m'en remettre à lui pour mes lendemains.

3. Accepter les circonstances comme une indication de la volonté de Dieu

Paul commençait souvent ses lettres en déclarant qu'il écrivait par la volonté de Dieu. Il croyait aussi que les circonstances qui lui semblaient hostiles restaient néanmoins sous le contrôle du Père. D'accord, vous dites-vous, mais cela s'applique-t-il nécessairement à ma vie aujourd'hui?

La Bible dit: "En lui nous sommes aussi devenus héritiers, ayant été prédestinés suivant le plan de celui qui opère toutes choses d'après le conseil de sa volonté, afin que nous servions à célébrer sa gloire, nous qui d'avance avons espéré en Christ" (Ephésiens 1:11). Cette promesse apporte espoir et réconfort à nombre de célibataires (et en déçoit d'autres), il n'empêche qu'elle existe et se dresse devant nous comme un chêne qui résiste à bien des tempêtes: "Nous savons, du reste, que toutes choses concourent au bien de ceux qui aiment Dieu, de ceux qui sont appelés selon son dessein. Car ceux qu'il a connus d'avance, il les a aussi prédestinés à être semblables à l'image de son Fils, afin que son Fils soit le premier-né de beaucoup de frères" (Romains 8:28).

Soit vous accordez foi à ce que Dieu nous a dit dans sa Parole, même si vous n'en avez qu'une compréhension incomplète, soit vous devez conclure que vous avez été trompés (c'est-à-dire que Dieu ne vous a pas dit la vérité).

Vous n'aimez pas votre situation actuelle. Bon. Quelles options s'offrent à vous? Cela me rappelle l'histoire de cet alpiniste qui dévissa de la paroi et dont la corde se cassa. Il parvint dans sa chute à s'agripper à un rocher en saillie. Il savait que cela tenait déjà du miracle. Tout tremblant de peur, il regarda en dessous de lui. Il ne trouva rien qui puisse lui servir de prise. Levant les yeux, il ne vit rien qui puisse l'aider à sortir de sa périlleuse situation. Soudain, notre alpiniste entendit une voix: "Ici Dieu. Lâche prise, je te rattraperai!" Il regarda de nouveau en dessous de lui mais il ne vit toujours rien. Les mains moites de peur, il se mit à crier: "Y a-t-il quelqu'un d'*autre* là-haut?"

Aujourd'hui, les célibataires opèrent bien des choix qui sont sources pour eux de grandes désillusions. Quelles que soient les circonstances, vous pouvez, en tant que célibataire chrétien, vous accrocher à l'assurance que vous êtes un enfant de Dieu et qu'aussi terribles que puissent vous paraître les circonstances de votre vie aujourd'hui, vous trouverez paix et réconfort dans la certitude que Dieu reste aux commandes.

Jim Irwin, l'un des astronautes de la mission Apollo 15, était un de mes amis intimes. Depuis sa mort, l'amitié de cet homme doux, plein de sollicitude et de patience a pris encore plus de sens pour moi. De toutes nos conversations, celles qui me sont les plus chères se sont déroulées au restaurant, à deviser ensemble de tout et de rien. Un jour, Jim me raconta l'épisode où, venant de quitter leur véhicule lunaire (une sorte de voiturette de golf d'un prix exorbitant), ils pénétrèrent dans le module avec lequel ils venaient d'alunir et qui était censé les ramener à leur capsule spatiale. Ils remarquèrent alors que des fragments de verre flottaient devant eux. Un coup d'œil au tableau de bord lui révéla que la lentille de protection d'un instrument absolument indispensable s'était brisée. Son cœur se mit à battre plus vite et il fut couvert d'une sueur froide. Si l'instrument avait été abîmé lui aussi, ils étaient perdus! Ils n'avaient aucun moyen de rejoindre le vaisseau spatial. Jim dit qu'ils évacuèrent les morceaux de verre avec leur aspirateur, et au moment d'activer l'appareil, ils constatèrent à leur grand soulagement qu'il était encore en parfait état de marche. Pour une raison mystérieuse, seule la lentille avait souffert.

Pardonnez-moi cette analogie, si vous la trouvez niaise, mais des centaines de célibataires m'écrivent pour me raconter leurs rêves et leurs espoirs brisés, et leur crainte de ne plus pouvoir réaliser leurs projets de vie.

- "Ma fiancée a un cancer incurable et je suis totalement désespéré!"
- "Je pense que je suis trop à cheval sur la morale. Quand je dis aux hommes que je rencontre que je suis vierge et que j'entends le rester jusqu'au mariage, leur intérêt pour moi disparaît rapidement."
- "J'ai pris la décision de ne sortir qu'avec un homme que j'ai envie d'épouser. Je reste seule à la maison et le téléphone reste silencieux."
- "Je ne sais pas pourquoi Dieu ne répond pas à ma prière. Mon horloge biologique avance et je n'ai pas la moindre perspective de mariage. Qu'est-ce qui cloche en moi?"

Ce genre de frustrations vous rappelle-t-il quelque chose?

Le problème n'est évidemment pas de savoir si Dieu est assez grand ou assez fort pour répondre à vos besoins. Voici le vrai problème: avez-vous assez de foi pour croire qu'il est toujours maître des événements, quelle que soit la température de votre cœur ou la force des vents adverses qui vous assaillent?

Une dernière remarque avant de poursuivre. Une foi vacillante en une planche de salut solide est préférable à une foi indestructible en une planche de salut peu fiable. Que veux-je dire par là? Dieu est fort. Inutile d'avoir une grande foi, il suffit d'avoir foi qu'il contrôle les événements d'aujourd'hui et de remettre demain à ses soins et à son contrôle. Comment développer une telle conviction? En premier lieu, lire la Parole. Il y est écrit que la foi vient de ce que l'on entend et que ce que l'on entend vient de la parole de Dieu (Romains 10:17). Ensuite écouter le témoignage de ceux qui peuvent dire: "Regarde, j'y suis passé moi aussi. J'ai découvert que Dieu tient parole. Tu peux lui faire confiance toi aussi."

4. Comprendre que les circonstances désagréables ne durent pas éternellement

Une partie du secret de Paul résidait dans le fait qu'il savait qu'il ne resterait pas éternellement assigné à résidence, que la vie a plus à offrir que ce que l'on en voit. Sur l'écran de veille de mon ordinateur, j'ai fait apparaître ceci pour me le rappeler: "Souviens-toi, cela passera aussi!" Parmi les célibataires les plus malheureux figurent ceux qui sont incapables d'envisager que Dieu puisse travailler au travers de circonstances difficiles.

Comme le dit Malcolm Muggeridge, "tout événement, petit ou grand, est une parabole par laquelle Dieu nous parle; tout l'art de vivre consiste à en comprendre le message".

Sur la page de garde de ma Bible, j'ai recopié les paroles d'Andrew Murray, pasteur anglican du 19e siècle:

> Quand surviennent les difficultés, l'enfant de Dieu plein de confiance peut dire: 1° C'est lui qui m'y a conduit; c'est par sa volonté que je traverse cette épreuve, je veux y trouver mon repos. 2° Son amour me gardera dans ces circonstances et me donnera la force de me conduire comme un de ses enfants dans cette épreuve. 3° Cette épreuve deviendra une bénédiction, elle m'enseignera la leçon qu'il a l'intention de m'apprendre, et il fera entrer en moi la grâce dont il entend me remplir. 4° Au temps choisi par lui, il m'en sortira – quand et comment, lui seul le sait. En d'autres termes, je suis ici

1° par la volonté de Dieu, 2° sous sa garde, 3° à son école, 4° pour le temps fixé par lui.

5. Attendre patiemment car Dieu veut le meilleur pour moi

Au chapitre 7, je désire mettre l'accent sur la manière de trouver la volonté de Dieu par rapport aux décisions de la vie. C'est une tâche souvent mal comprise. Dans le même temps, apprendre à vivre un jour après l'autre, en puisant en lui la force de réaliser ce que nous devons faire chaque jour, cela fait partie intégrante de la leçon qui nous conduit à une bonne compréhension.

Le secret de Paul peut être aussi le vôtre. Mark Twain, l'humoriste américain, disait: "Chacun de nous est aussi heureux qu'il a décidé de l'être." Je pense que Paul aurait approuvé.

2

Remporter la victoire sur vos pires ennemis

"Nous avons rencontré notre ennemi: c'est nous-mêmes!"
Pogo

Les célibataires ont-ils plus de points communs que les gens mariés? "Non!" répond le chercheur George Barna. Il déclare qu'on ne peut pas mettre tous les célibataires dans le même panier, car ils proviennent aujourd'hui d'au moins trois sous-catégories: ceux qui n'ont jamais été mariés, ceux qui l'ont été un jour et les veufs. J'ai néanmoins l'impression que même parmi ceux qui n'ont jamais été mariés, on peut trouver toute une liste de sous-catégories comme "ceux qui ne l'ont jamais été mais feraient tout pour", "ceux qui ne sont pas pressés de se mettre la corde au cou" et "ceux qui ne veulent surtout pas laisser qui que ce soit les empêcher de s'amuser".

Plus sérieusement, Barna pense aussi que les célibataires qui se considèrent comme chrétiens ont une diversité de points de vue théologiques plus importante que les gens mariés. Les célibataires plus âgés ont tendance à avoir une conception plus littérale de la Bible que les jeunes, qui pensent qu'il ne faut pas la prendre au pied de la lettre pour ce qui concerne leur mode de vie – surtout quand celui-ci est en flagrante contradiction avec ce que Dieu dit.

Les célibataires plus jeunes, disons ceux qui ont moins de 35 ans, ont tendance à penser que les dix commandements "ne s'appliquent plus" et que le péché est un concept "dépassé". Un bien plus grand pourcentage – ceux qui sont issus de foyers malheureux ou souffrant de dysfonctionnements – ne croient pas que la prière puisse changer leurs circonstances. Les célibataires avouent souvent éprouver un sentiment d'impuissance, surtout les femmes qui ne se lient pas facilement d'amitié avec des membres du sexe opposé. Or, éprouver un sentiment d'impuissance en tant que célibataire dans un monde de couples n'a rien à voir avec un sentiment de désespoir.

Peut-être vous attendez-vous à ce que je sorte de mon chapeau un verset de la Bible pour vous le mettre sous le nez en disant: "Vous voyez, voilà la réponse à tout le problème!" La situation est légèrement plus compliquée que cela.

En tant que célibataire, vous devez régler au moins cinq problèmes qui, à mon avis, sont autant d'ennemis de votre paix intérieure et de votre satisfaction personnelle. Dans presque toutes les publications concernant les célibataires, peu importe leurs différences, on s'accorde à dire que le plus grand problème auquel doivent faire face les célibataires, c'est la solitude. Ne faudrait-il donc pas considérer qu'il s'agit du problème numéro 1? Non, elle ne vient qu'en deuxième position sur ma liste, car votre problème numéro 1, c'est vous-même.

L'ennemi n° 1 du célibataire: lui-même

Le héros de l'une de mes bandes dessinées favorites s'appelle Pogo. On voit ce personnage et ses amis partir en campagne contre "l'ennemi". Dans les premières cases de la B.D., la bande de Pogo est prête à se jeter, munie d'épées et de lances, dans une lutte à mort. Puis on voit le même petit groupe au retour du combat, traînant lances et épées dans la poussière. La légende dit: "Nous avons rencontré l'ennemi: c'est nous-mêmes!" C'est puissant.

Ce livre tout entier traite de la façon de se colleter avec la réalité de la vie et vous propose, après avoir évalué de façon réaliste qui vous êtes, une stratégie pour aller de l'avant.

Certains ont été élevés dans des circonstances difficiles. Vous avez peut-être été victime d'abus de la part de vos parents ou de personnes en qui vous aviez confiance.

Personne n'est maître des circonstances, mais nous sommes maîtres de notre façon de réagir. Lorsque vous êtes confronté à des situations défavorables, laquelle de ces expressions décrit-elle le mieux vos réactions négatives?

– Repli sur soi
– Négation de la réalité
– Refus d'en parler
– Fuite en avant (déménagement ou abandon de votre emploi)
– Retrait du cercle d'amis et de connaissances
– Lutte contre un sentiment d'échec, qui vous fait croire que vous n'êtes pas normal
– Culpabilité
– Rejet de votre colère sur quelqu'un d'autre et report de vos frustrations sur autrui
– Tentative de sauver la face (sourire au-dehors mais larmes au-dedans)
– Plainte auprès de tout le monde à propos de la façon horrible dont on vous a traité
– Activisme, de façon à ne pas avoir le temps de penser
– Elaboration de projets de vengeance
– Espoir que les choses vont s'arranger toutes seules
– Refus de la compagnie de couples ou de familles car vous vous sentez à part

– Exagération de la taille de votre réseau de connaissances et vantardise quant à vos performances

Si vous êtes effectivement votre pire ennemi, vous êtes également la solution de vos problèmes. Comprendre qui vous êtes – une personne unique, créée à l'image de Dieu, sans pareille parmi les 6 milliards d'habitants de la planète – fait partie de l'armure qui empêche les circonstances de la vie de vous faire du mal, sans oublier les blessures infligées par des amis pourtant remplis de bonnes intentions.

Vous rabaisser, nier votre propre valeur et vos besoins éventuels, tout cela n'a aucune incidence sur votre valeur réelle. Il ne s'agit pas de faire preuve d'orgueil ou d'arrogance, mais seulement de comprendre comment Dieu voit votre vie. Personne d'autre ne voit à travers vos yeux. Personne ne ressent ce que vous ressentez. Personne ne comprend mieux que vous ce que vous faites et quelle en est la valeur.

Il est de la plus haute importance de comprendre que vous êtes une personne complète *maintenant* (point final!). Si vous pensez avoir besoin du mariage pour devenir un être complet, cela ne fait que démontrer votre sentiment d'insécurité – qui doit être traité. Lorsque nous devenons croyants, l'Esprit saint de Dieu vient résider dans notre vie, et il nous remplit de sa présence pour nous rendre capables d'être tout ce qu'il attend de nous. Comment est-il capable, toutefois, de répondre au besoin le plus criant de tous, celui de compagnie?

Le célibat vous force à prendre des décisions et à faire des choix dont vous vous seriez bien passé, surtout dans le cas des femmes. Dois-je me lancer dans une carrière professionnelle plutôt que me marier et fonder une famille? Aurais-je besoin d'acheter une maison ou un appartement? Est-ce le moment de penser sérieusement à épargner pour l'avenir?

Dans un de leurs livres, Carolyn Koons et Michael Anthony écrivent:

> Quand une femme est célibataire ou vient de le redevenir, elle doit faire face à l'avenir en prenant des décisions relatives à des sujets traditionnellement réservés aux hommes. Elle doit faire des choix éducatifs et professionnels, répartir ses ressources financières entre le logement, le transport et les autres besoins matériels, et prendre maintes autres décisions qui demandent un jugement clair et de la conviction.[1]

Ceux qui refusent de regarder ces questions en face me rappellent l'équipage d'un bombardier de l'aviation américaine qui connut un destin tragique pendant la seconde guerre mondiale. Voici ce qui arriva. L'avion ne fut retrouvé quelque part dans le Sahara qu'après une trentaine d'années. Ceux qui tombèrent par hasard dessus pensèrent tout d'abord qu'ils avaient affaire à un mirage. Ils n'arrivaient pas à y croire: là, sous leurs yeux, était posé sur le sable un avion presque intact. En voyant les tourelles et les deux moteurs à hélice, ils savaient que ce n'était pas un avion moderne. Il fallait se rendre à l'évidence, c'était bien un avion de l'aviation américaine, conservé en état pendant trois décennies grâce à l'air brûlant et sec du désert. Sur le flanc du fuselage, son nom, *Lady Be Good* était encore bien visible.

La découverte du *Lady Be Good* permit de résoudre l'un des mystères inexpliqués de la guerre: un jour, il s'était envolé avec son équipage pour une mission en Afrique du Nord et avait disparu corps et biens. Quand l'avion fut découvert, un second mystère trouva enfin sa solution: comment cet avion avait-il pu s'écarter de 600 km de sa destination? Les spécialistes en aéronautique dépêchés sur place examinèrent l'appareil et eurent la surprise de constater que les instruments étaient encore en état de marche, et précis, quelque trente ans plus tard. Les enquêteurs parvinrent à la conclusion que l'avion avait dépassé sa destination de

1. Carolyn Koons & Michael Anthony, *Single Adult Passages* (Grand Rapids, MI: Baker Book House, 1991), p. 48.

600 km parce qu'il avait été pris dans les courants de haute altitude qui avaient doublé sa vitesse de croisière, sans que l'équipage ne s'en soit douté. La suite se comprend aisément: comme les aviateurs connaissaient la durée normale du vol et qu'ils atteignirent leur objectif deux fois plus vite cette fois-là, ils ne tinrent pas compte des indications de leurs instruments et continuèrent. Ils finirent par ne plus avoir de carburant et l'avion erra au-dessus du désert avant de s'y écraser, à 600 km de leur destination initiale. On retrouva les restes de l'équipage à 160 km de l'avion. L'histoire du *Lady Be Good*, l'avion dont l'équipage ne suivit pas les indications des instruments est une bonne parabole pour décrire ceux qui refusent de croire les indicateurs du tableau de bord de leur vie, et d'en tenir compte pour agir. Trouvez l'application pratique de cette illustration en vous posant les questions suivantes:

- Quel est mon âge?
- Ai-je évité de prendre les inévitables décisions relatives à mon avenir en espérant toujours que quelqu'un allait débarquer dans ma vie et devenir mon conjoint?
- Qu'est-ce qui me retient de prendre la décision d'aller de l'avant?

Souvenez-vous: il y a certaines choses que ni Dieu ni votre mère ne feront à votre place. Vous devez agir par vous-même et, en refusant d'affronter les circonstances et d'élaborer une stratégie, vous prenez la décision d'échouer. Même s'il est très dur de faire face à un problème, la sagesse consiste à reconnaître les réalités de la vie et à aller de l'avant. On en est bien plus heureux à long terme.

L'ennemi n° 2 du célibataire: la solitude

Dans le jardin d'Eden, Dieu a dit: "Il n'est pas bon que l'homme soit seul; je lui ferai une aide semblable à lui" (Genèse 2:18). Les choses n'ont guère changé. D'après les plans divins, nous avons été conçus pour vivre dans la compagnie, et si – quelle qu'en soit la raison – nous en sommes privés, la solitude s'empare progressivement de nous, comme un brouillard qui nous cache la réalité de notre environnement.

Permettez-moi de vous raconter l'histoire d'une célibataire âgée, Mme Jeanne Rosenstein. Elle s'installa un jour à sa petite table dans son studio exigu et, remplie de tristesse, coucha sur le papier les pensées que lui suggérait son sentiment de solitude. Ecrire lui était difficile et douloureux à cause de l'arthrite qui lui nouait les doigts. Elle écrivit ceci:

> Je me sens seule à en mourir. Si seule que je ne peux le décrire... Je ne vois personne. Mon téléphone ne sonne jamais. Je me sens si vieille et si seule. Je n'entends parler de personne. J'ai dépassé les 80 ans depuis longtemps. Devrais-je me décider à mourir? Je n'ai jamais pris un jour de vacances, pas un. Mon anniversaire tombe ce mois-ci. J'ai l'impression que la fin du monde est arrivée et que je suis la seule survivante sur terre. Comment pourrait-il en être autrement? Toute seule, sans voir personne... Sans entendre âme qui vive. Oh, mon Dieu, aide-moi!!! Suis-je saine d'esprit? Si seule, je me sens tellement seule. Je ne sais que faire.

Elle glissa la lettre dans une très grande enveloppe jaune, y ajouta de l'argent et six timbres, et adressa le tout à un journal. L'argent était destiné à payer la communication, si d'aventure quelqu'un voulait bien lui passer un coup de fil, les timbres étaient pour qui voudrait bien écrire.

Jeanne Rosenstein se sentait absolument seule dans une ville de 8 millions d'habitants. Qu'arriva-t-il? D'abord un journaliste l'appela pour l'informer qu'il désirait venir la voir. Mme Rosenstein était aux anges. Le journaliste constata que sa lettre disait la vérité, l'exacte et douloureuse vérité. Elle dit au journaliste: "Quand on est seul, on meurt à petit feu... Parfois, j'appréhende de me réveiller le matin." Le journaliste publia la lettre, accompagnée de la description que j'ai partagée avec vous. Que se passa-t-il alors?

Au cours des deux semaines suivant la publication, des milliers de lettres et de cartes affluèrent vers le petit appartement. Une foule de visiteurs entrait et sortait pour parler à la petite dame seule qui n'avait pas d'amis. Le téléphone sonnait si souvent qu'elle dut le laisser décroché. Parmi ceux qui écrivaient figuraient des personnes âgées, des jeunes couples qui joignaient des photos de leurs enfants, des ados, et le courrier arrivait du monde entier. Assise au milieu des sacs postaux, Jeanne Rosenstein, 84 ans révolus, se dit: "J'en ai assez pour le reste de mes jours."

Sans doute, comme moi, applaudissez-vous à deux mains ceux qui ont répondu à Mme Rosenstein. Seulement, il existe des milliers de Mme Rosenstein de par le monde, et croyez-moi, toutes ne sont pas du troisième âge. Pensez aux immigrés qui travaillent pour gagner de quoi soulager la misère de leur famille restée au pays. Aux célibataires envoyés en mission en Arabie Saoudite, en Corée, à Singapour et ailleurs, qui sont privés de l'atmosphère réconfortante de chez eux. A la multitude de ceux qui se sentent coupés de la société et du reste du monde, négligés par ceux qui sont trop occupés pour se soucier d'eux. Et pour finir, aux célibataires qui se sentent devenir fous dans un monde de couples.

Le compositeur Pierre Tchaïkovski savait ce qu'était la solitude. Quand il a écrit en mode mineur: "Seules les âmes solitaires peuvent comprendre mon angoisse", il a levé un coin du voile de son cœur. Mère Térésa disait que la solitude était "la faim d'amour humain", et c'était à ses yeux "le mal le plus terrible au monde".

Selon Chuck Swindoll, la solitude "est le mot le plus triste dans toutes les langues humaines. C'est elle qui inflige au cœur les coups les plus durs qu'il puisse endurer. Avec elle, pas de favoritisme; elle piétine toutes les règles de la politesse, ne connaît ni frontière ni obstacle, reste insensible à la pitié, refuse tout compromis et n'a qu'un mépris souverain pour le temps qui passe."[2] Telle est la solitude, un des maux les plus terribles qui puisse frapper notre existence.

L'une des caractéristiques les plus étranges de ce mal est qu'il frappe alors même qu'on se trouve au milieu d'une foule de gens. Un expatrié américain appuya son front contre la vitre de sa fenêtre en regardant les passants dans la rue se précipiter vers la douceur de leur foyer et écrivit ces mots: "Si humble soit-elle, il n'y a rien de mieux que d'être à la maison."

Interrogez l'homme ou la femme dont l'existence à l'hôpital ressemble exactement à celle d'un prisonnier dans sa cellule; ou la personne âgée qui vit seule et va tous les jours dépenser un peu d'argent chez son épicier, seulement pour le plaisir de voir quelqu'un. Certains opérateurs ont remarqué que des appels leur parviennent tous les jours à heure fixe, le plus souvent sous prétexte de demander un numéro, mais en réalité uniquement pour le plaisir d'entendre une voix humaine chaleureuse. Demandez à Al Sanders, personnalité des médias bien connue aux Etats-Unis, de vous parler de la solitude. Il vous racontera la fois où il voulut passer un coup de fil local. Dès qu'il entendit la voix d'une personne âgée à l'autre bout de la ligne, il comprit qu'il avait composé un faux numéro, s'excusa et allait raccrocher, mais voici ce qu'on lui répondit: "Je vous en prie, attendez une minute, j'ai 80 ans et personne ne m'appelle. M'accorderez-vous une minute de conversation?"

2. Charles Swindoll, *Growing Strong in the Seasons of Life* (Portland, OR: Multnomah Press, 1983), cité dans *Christianity Today*, avril 1984, p. 35.

Vous serez aussi surpris d'apprendre de la bouche d'une vedette, harcelée par ses fans en manque d'autographes, que certaines des personnalités les plus influentes et les plus célèbres sont également celles qui se sentent les plus seules. Prenez l'exemple de Doris Day, élue en son temps actrice la plus populaire du monde. Elle avouait franchement se sentir tellement seule qu'elle ne trouvait le sommeil qu'après avoir pleuré à chaudes larmes. En évoquant le vide de sa vie, elle posait cette question: "Si tant de gens m'aiment, comment se fait-il que je sois si seule?" Sting, la star du rock, se définit comme "le porte-parole du sentiment de solitude et d'aliénation".

Les personnalités, les malades, les prisonniers et les retraités ne sont pas les seuls à connaître les affres de la solitude. Qu'en est-il de la mère célibataire qui a besoin de laisser sa radio ou sa télévision allumée, une fois qu'elle a mis ses enfants au lit? Que dire de l'homme d'affaires au bout du rouleau qui n'ose pas avouer à son patron qu'il a besoin de secours? Que ressent l'adolescente enceinte qui vit dans la hantise du jour où il faudra avouer son état à ses parents? Voilà vos experts en solitude. Ils savent de quoi ils parlent parce qu'ils en souffrent.

Deux choses sont certaines: Dieu connaît l'angoisse et la souffrance causées par votre solitude, et il n'y est pas indifférent. Sa compassion à votre égard dépasse tout ce que vous pouvez imaginer. N'oubliez jamais quelle solitude Jésus dut endurer quand ses disciples l'abandonnèrent l'un après l'autre. Quelle extrême douleur s'exprima lorsqu'il s'écria: "Mon Dieu, mon Dieu, pourquoi m'as-tu abandonné?" (Marc 15:34). Souvenez-vous des longues heures qui précédèrent le Calvaire, au cours desquelles il lutta dans la prière dans le jardin de Gethsémané, saisi d'angoisse devant l'épreuve qui l'attendait.

Souvenez-vous de la prière de Jésus: "Mon Père, s'il est possible que cette coupe s'éloigne de moi" (Matthieu 26:39). Avait-il peur de mourir? Peur des clous qui allaient lui être enfoncés dans les poignets et les pieds? Pas du tout! Ce qu'il demandait, c'était de ne pas se sentir coupé de la présence du Père. En d'autres termes, il priait que lui soit épargnée la solitude de la séparation d'avec la présence de son Père.

En matière de souffrance engendrée par la solitude, Jésus est un spécialiste, et c'est en partie ce qui explique qu'il peut procurer le remède à nos souffrances. Parce qu'il a enduré la douleur de la solitude lorsqu'il a été séparé de son Père, nous n'avons plus besoin d'être coupés de cette présence divine. C'est toute la différence entre être seul et vivre dans la solitude.

Pourquoi tant de solitude aujourd'hui?

Pour comprendre l'origine d'une grande partie du sentiment de solitude actuel, il faut remonter à deux ou trois générations, à l'exode rural vers les grandes villes où les emplois se sont déplacés. Derrière les murs glauques et les portes verrouillées, il n'était plus question de se réjouir de la beauté de la campagne. L'asphalte des rues et l'air pollué nous ont fait perdre le contact de la fraîcheur de la rosée sur l'herbe au petit matin et du petit air vif que l'on respire à l'aube d'une journée nouvelle. Nous avons oublié à quoi ressemble l'horizon au crépuscule, lorsqu'un soleil radieux se couche à l'occident et éclabousse le ciel d'infinies nuances de rouge et d'orange – comme jamais peintre n'en pourra inventer sur sa palette.

On se dit que c'est la rançon du progrès, qu'un emploi ou une promotion à l'étranger justifie de tels sacrifices. Bien plus que le lieu de résidence, c'est le mode de vie qui engendre le sentiment de solitude.

Pour une grande part, il provient du sentiment de ne pas être accepté – dans la famille, au travail ou par le cercle d'amis. Résultat? On se replie sur soi et on se cache. Le psychologue James Lynch affirme:

> Il existe une conspiration culturelle presque inconsciente pour tromper les gens en les amenant à penser que vivre seul est une bonne chose. Le mythe de l'indépendance, propagé par la publicité et les médias, nous fait croire qu'admettre notre besoin les uns des autres est un signe de faiblesse.[3]

Quel remède à ce problème?

La solitude se guérit-elle? Mère Térésa a répondu par l'affirmative. Souvenez-vous: elle a défini la solitude comme le mal le plus terrible au monde. Mais elle déclarait connaître le remède: aimer les autres et s'impliquer dans leur vie. Elle était convaincue qu'en tendant la main à une personne en difficulté on trouvait aussi le remède au démon de la solitude.[4]

Dans les bureaux de Guidelines, une partie du travail est effectué par des bénévoles qui nous remercient de leur accorder le privilège de faire partie de notre groupe (alors qu'en fait c'est nous qui avons une dette envers eux). L'alternative à la solitude pour bien des célibataires consiste à sortir de leur coquille et à mettre leur temps et leurs compétences au service du Seigneur. Dans votre Eglise, vous trouverez sûrement de quoi combattre votre solitude. Je ne connais aucune Eglise ou organisation chrétienne qui se plaigne d'avoir trop de bénévoles pour s'occuper des enfants, mettre des documents sous enveloppes ou participer à divers projets. Pourquoi ne pas essayer de ce côté-là?

Les contacts que l'on développe avec les autres débouchent souvent sur des amitiés qui font partie de la réponse à la solitude. C'est la raison pour laquelle j'ai consacré un chapitre au thème du développement d'amitiés sans rapport avec la sexualité. Parfois, nous sommes poussés par la solitude à nous tourner vers les autres et à nouer des liens indé-

3. James L. Lynch, "Warning! Living Alone Is Dangerous to Your Health", *U.S. News and World Report*, 30 juin 1980, p. 47.
4. "Loneliness termed 'worst ill'", *The Register*, 5 juin 1982, p. 14.

fectibles. C'est ce qui arriva à Joseph Scrivens, dont la charmante fiancée trouva la mort par noyade dans un lac au Canada. Désorienté et solitaire, il rencontra un ami en Jésus-Christ, la Personne qui dissipe la solitude que provoque la séparation. C'est à cette amitié éternelle que Joseph Scrivens faisait allusion quand il écrivit les paroles du chant bien connu: "Quel ami fidèle et tendre, nous avons en Jésus-Christ..."

Comment vaincre la solitude? Un critique de théâtre a récemment conclu ainsi son article: "Si vous vous sentez triste et seul, allez voir un film. Cela ne vous rendra peut-être pas la bonne humeur, mais au moins vous aurez l'occasion de compatir au malheur de quelqu'un d'autre." Il y a bien mieux à faire: offrir son amour pour aider quelqu'un qui souffre. Ouvrez les verrous qui ferment la porte de votre vie, remplissez votre esprit de la beauté que Dieu a placée autour de vous et partez chercher quelqu'un d'autre qui se sent seul et a besoin d'amitié.

Nous avons besoin les uns des autres, et nous avons besoin de l'amitié de Celui qui ne nous laissera et ne nous abandonnera jamais.

L'ennemi n° 3 du célibataire: la frustration sexuelle

Cher Monsieur,

J'ai capté une partie de votre message sur CBN au sujet du sexe et du mariage. Je suis chrétienne et célibataire. J'ai beaucoup d'amis qui me sont très chers. Voici mon problème: j'ai toujours pensé que le sexe en dehors du mariage était à déconseiller et j'ai toujours mené ma vie en accord avec cette opinion. Mes désirs ne m'en harcèlent pas moins, et il me devient de plus en plus difficile de respecter mes principes. Pour le moment, je n'ai pu me résoudre à mener une vie sexuelle en dehors des

> liens du mariage. Comme bien des célibataires, je suis désemparée. J'ai prié que Dieu m'envoie quelqu'un, un mari, un chrétien qui me convienne et qui trouve son bonheur avec moi. Que faire? Je n'arrive pas à me confier à mon pasteur sur ce sujet.

Qui a dit qu'il est facile d'affronter la frustration sexuelle!

"Les chrétiens présument souvent que, parce qu'ils sont disciples de Jésus, ils ne devraient pas connaître de problème majeur avec la sexualité", dit Ronald Burwell[5]. Or c'est loin d'être le cas. Nous vivons dans une société saturée de sexe. Que ce soit à la télévision, au cinéma, dans les émissions télévisées ou radiophoniques, notre société s'est largement ouverte au sexe; les célibataires sont ainsi assaillis de messages qui leur rappellent ce qu'ils ne savent que trop bien parce que leurs hormones le leur répètent tous les jours: "Tu es un être sexué."

La culture contemporaine suggère à chacun de faire preuve d'une grande activité sexuelle. Si un célibataire vit dans la chasteté, il est vite considéré comme ringard, complètement décalé par rapport à la société permissive d'aujourd'hui. L'immense majorité des élèves du secondaire en savent plus sur le sexe et ont sans doute plus d'expérience sexuelle que les étudiants d'université de la génération précédente. Des enquêtes effectuées sur un plan national aux Etats-Unis indiquent que la foi religieuse n'a qu'un rapport très lointain avec l'abstinence sexuelle. La peur du SIDA dissuade bien plus sûrement d'avoir une activité sexuelle que la crainte de Dieu.

Trois options s'offrent à vous pour répondre à la question: "Comment gérer mon activité sexuelle?"

1. Pour remédier aux inconvénients de la solitude et de la frustration sexuelle, faire comme la plupart des céliba-

5. Ronald Burwell, *His*, mai 1981, p. 11.

taires: se protéger autant que possible, faire preuve de discrétion, mais y aller, "le faire".

Ce n'est pas ici mon propos et je ne vais donc pas m'étendre longuement pour contrecarrer ce choix, mais qu'il me soit seulement permis de dire que *ça ne marche pas*. Se jeter à la tête de quelqu'un pour tromper l'ennui ou fuir la solitude n'apporte que frustration, vide intérieur, sentiment d'abandon, mauvaise estime de soi et sentiment de culpabilité, si tant est qu'on ait un minimum de conscience.

Dieu n'interdit-il d'avoir des relations sexuelles avant le mariage que pour gâcher le plaisir des gens? En outre, tout le monde le fait.

Sans conteste, l'activité sexuelle parmi les célibataires adultes est chose banale. Toutes les statistiques le prouvent.

Dans les années 1960 et 1970, la révolution sexuelle a fait beaucoup évoluer les choses, et surtout la tolérance de la société à l'égard du sexe en dehors des liens du mariage. Avec la pilule, plus de souci de grossesse non désirée, et en cas de pépin l'avortement est remboursé par la Sécurité Sociale ou les assurances. L'attitude du play-boy moyen – tout est permis tant que l'on s'aime et que les deux sont d'accord – est devenu la règle de nos sociétés et, en dépit des déclarations officielles des autorités ecclésiastiques, c'est aussi le choix de maints célibataires qui se disent chrétiens. Plus tard, les effets de ce choix ont commencé à se faire sentir: le nombre croissant de personnes – surtout les femmes – qui en ont subi des blessures émotionnelles profondes atteste qu'en dehors de l'engagement du mariage les relations purement sexuelles ne répondent pas aux besoins psychologiques des hommes et des femmes.

Le point de vue de Dieu ne laisse aucune ambiguïté:

> Ce que Dieu veut, c'est votre sanctification; c'est que vous vous absteniez de la débauche; c'est que chacun de vous sache posséder son corps dans la sainteté et l'honnêteté, sans vous livrer à une convoitise passionnée,

> comme font les païens qui ne connaissent pas Dieu; c'est que personne n'use envers son frère de fraude et de cupidité dans les affaires, parce que le Seigneur tire vengeance de toutes ces choses, comme nous l'avons déjà dit et attesté.
> (1 Thessaloniciens 4:3-6)

Peut-être bien que Dieu, loin d'essayer d'enlever son piquant à la vie, sait ce dont l'humanité a besoin pour trouver épanouissement et bonheur. Le sexe en dehors du mariage ne cadre pas avec le genre de bonheur et d'épanouissement qu'il a prévu pour nous.

2. La seconde option, exprimée brutalement, consiste à refouler la sexualité.

D'après des études tenues confidentielles par le Vatican, ceux qui pratiquent la vie monastique, ceux qui devraient donc savoir de quoi on parle en matière de refoulement sexuel, n'ont pas trouvé la solution miracle. Prêtres et religieuses avouent qu'en dépit de leurs efforts de concentration sur les choses spirituelles, leur esprit vagabonde et leur donne des expériences sexuelles imaginaires qu'ils seraient fort embarrassés de raconter. Il est difficile de refouler sa sexualité, surtout pour les hommes qui sont excités par la vue, et c'est pourquoi Paul recommande: "A ceux qui ne sont pas mariés et aux veuves, je dis qu'il leur est bon de rester comme moi. Mais s'ils manquent de maîtrise d'eux-mêmes, qu'ils se marient; car il vaut mieux se marier que de brûler" (1 Corinthiens 7:8-9). Le terme choisi par Paul pour désigner la passion exprime clairement que c'est de relation sexuelle qu'il est question ici.

Aux yeux de certains, ces paroles de Paul paraissent bizarres. Peut-on dire qu'il est bon de rester célibataire comme lui? Question légitime qui mérite qu'on s'y intéresse. Paul n'avait aucun compte à régler avec le mariage. Bien au contraire, il considérait que c'était une belle forme de relation voulue par Dieu, destinée à permettre à la sexualité de s'exprimer ouvertement et librement. Le problème, c'est qu'à l'époque où Paul a écrit ces lignes, les persécutions engagées par Néron contre les chrétiens faisaient rage, et un mariage risquait de se terminer par l'emprisonnement ou la mort de l'un des conjoints, ou des deux à la fois. Paul n'en reconnaissait pas moins la puissance des désirs sexuels et présentait le mariage comme une solution adéquate aux pressions sexuelles ressenties par les célibataires. Refouler sa sexualité ou la nier est aussi intelligent que de nier qu'on a des oreilles et des pieds. Il existe sûrement une meilleure solution.

3. La seule réponse valable: assumer sa frustration sexuelle.

Un célibataire ne peut se boucher les yeux devant la réalité de notre monde: la plage, les images suggestives qui laissent peu de place à l'imagination, que ce soit au théâtre ou à la télévision, la mode, sans oublier les publicités aguichantes de sous-vêtements féminins dans les catalogues et les journaux, les séries télévisées, j'en passe et des meilleures. La passion sexuelle est comparable à un feu: soit on le met en veilleuse dans la chaudière, soit on l'alimente. Plus vous penserez au sexe et plus vous vous rendrez malheureux. Rêveries, imagination galopante, pornographie, films et vidéos à orientation sexuelle, tout cela nourrit le dragon de la luxure.

Quand on se débat avec des images qui enflamment l'imagination, prendre des douches froides ou partir faire dix kilomètres en courant ne peut faire de mal, mais ce n'est pas satisfaisant. Il y a sûrement mieux à faire.

Rendez votre engagement public. Si l'on n'est pas certain de sa position, on est plus enclin à se laisser guider par ses émotions que par la connaissance que l'on a du bien et du mal. On se laisse alors aller à des raisonnements sur le fait que, si Dieu nous a créés en tant qu'êtres sexués et a mis dans notre corps cette fournaise de passion, réaliser ce que lui-même a prévu pour nous ne peut être mal. Vraiment?

Quand nos filles furent en âge de sortir avec des garçons et que leurs soupirants devinrent plus que de simples copains, elles expliquèrent clairement qu'elles étaient normalement constituées et appréciaient les attentions dont elles faisaient l'objet, mais qu'elles étaient vierges et avaient l'intention de le rester jusqu'au mariage. Si un garçon ressent un amour authentique pour une fille, il trouvera cet engagement parfaitement respectable, sinon, c'est qu'il n'est pas le genre d'individu qui ferait un mari convenable.

Laissez-moi en outre rappeler qu'en dépit de la permissivité actuelle, une foule grandissante d'hommes et de femmes – que la presse préfère ignorer – est en train de se lever pour exprimer l'engagement d'attendre jusqu'au mariage.

Acceptez de devoir rendre compte à quelqu'un. Si votre engagement de pureté sexuelle est sérieux, acceptez de dire où vous en êtes à un petit groupe de personnes de confiance qui sauront rester discrets et à qui vous vous confierez en toute honnêteté. Organisez des rencontres régulières et soyez prêts à vous montrer francs et vulnérables entre vous, de façon à pouvoir exprimer vos besoins sans vous sentir mal à l'aise. Chacun des participants pourrait ainsi s'engager sur les trois points suivants:

1. User de discrétion et s'engager à ne rien laisser filtrer en dehors du groupe. Se confesser honnêtement comporte des risques. "Chez les chrétiens, on ne fait jamais de commérages, me taquine ma fille, on ne fait que partager ses sujets de prière."

2. S'engager à l'encouragement et à l'aide mutuels.

3. Prier les uns pour les autres.

Faites vœu de chasteté ou de célibat devant Dieu. C'est un puissant remède et je ne le conseille qu'à ceux dont l'engagement envers le Seigneur est assez sérieux, et dont la crainte du Tout-Puissant est suffisamment bien ancrée pour qu'ils n'aient aucun état d'âme à tenir leur promesse une fois celle-ci prononcée. "Lorsque tu as fait un vœu à Dieu, ne tarde pas à l'accomplir, car il n'aime pas les insensés. Mieux vaut pour toi ne pas faire de vœu, que d'en faire un et de ne pas l'accomplir" (Ecclésiaste 5:3-4).

Si un couple arrive à la conviction qu'ils vont plus loin que prévu dans leurs attitudes, qu'ils fassent le vœu mutuel devant le Seigneur de s'abstenir de relations plus poussées jusqu'au mariage. Ainsi, quand l'un faiblira, l'autre lui rappellera que les vœux exprimés devant le Seigneur sont sérieux et ne doivent pas être pris à la légère.

Un mot d'avertissement. Si vous sentez que vous n'aurez pas la force de tenir votre promesse, abstenez-vous de la faire. Mais sachez aussi qu'en prononçant un vœu on reçoit un soutien qui renforce sa résolution.

N'alimentez pas le feu. Ne comptez pas sur Dieu pour tourner un bouton qui éteigne vos besoins sexuels et qui les réactive le moment du mariage venu. C'est la raison pour laquelle il convient d'exercer sa résolution de résister aux stimulations sexuelles. Si vous regardez un film ou une vidéo explicite d'un point de vue sexuel, il est évident que vous en serez excité. Vous êtes normal. Dieu ne remplace pas vos hormones de chrétien par de l'eau glacée.

Cela implique aussi de décider jusqu'où aller dans votre relation pour préserver votre pureté sexuelle. Certains couples trouvent des excuses à leur intimité sexuelle en disant: "Nous n'avons pas fait l'amour!" Mais ils ont fait tout le reste.

La pureté sexuelle ne se limite pas à ce que l'on a le droit ou non de faire. C'est une affaire de cœur, où l'on respecte l'autre et son corps et où l'on attend de ne faire plus qu'un par le mariage. Alors, ce qui était mal avant devient parfaitement bon. C'est une question de temps. Comme Ray Mossholder le dit: "Dieu ne dit pas non au sexe avant le mariage parce qu'il essaierait d'être rabat-joie ou prude. Il dit non de façon à vous permettre de jouir au maximum de la sexualité dans le mariage. Accepter moins que cela, c'est accepter moins que le meilleur que Dieu vous réserve."[6]

Soumettez-vous esprit et corps au Seigneur. Le Dr Helen Roseveare était sur le champ missionnaire. Lorsqu'elle rentra au pays, elle essaya désespérément de se marier. Elle raconte:

> Pendant des années, j'ai répété aux jeunes filles: "Celui qui s'amuse avec vous ne fera pas un bon mari." Je connaissais toutes les règles, mais je ne m'y conformais pas moi-même quand j'étais tentée par mes désirs. Quand je retrouvais enfin mes esprits, j'avais fait des dégâts. Il me semblait que j'avais tout perdu. Je n'avais pas perdu la foi, mais je me sentais coupée de ma relation avec le Père et je ne ressentais plus aucune paix dans mon âme.[7]

Certains lui auraient dit: "Voyons, sois réaliste, tu mets la barre trop haut. Tu es une personne sexuée, et puisque Dieu t'a créée ainsi, il n'y a rien de mal à cela!" Remplie de confusion et de culpabilité, Helen quitta la mission et passa deux années très malheureuses à se demander ce qu'elle allait bien pouvoir faire de sa vie. Elle finit par se rendre compte qu'elle avait besoin de repartir en mission, et il lui fut accordé un nouveau service missionnaire. Elle disait et faisait ce qu'il fallait, mais cela sonnait faux, et elle était toujours aussi malheureuse. Comme David en son temps, elle avait le cœur assoiffé d'une nouvelle relation avec le Père, mais rien ne se passait dans sa vie.

6. Ray Mossholder, *Singles Plus* (Lake Mary, FL: Creation House, 1994), p. 133.
7. Helen Roseveare, "I'm Single", *Moody Monthly*, décembre 1976, pp. 53-54.

C'est alors qu'au cours de la rébellion du Congo en 1964, des soldats rebelles envahirent la mission où elle travaillait. Ils l'emmenèrent et la violèrent sauvagement. Elle finit par s'en remettre, mais ce viol déclencha en elle des désirs sexuels qu'elle ne pouvait plus ignorer. Comment Dieu s'occupa-t-il d'elle? Voici ce qu'elle en dit:

> Aussi étrange que cela puisse paraître, ce viol, malgré sa sauvagerie, éveilla ma sexualité. N'ayant eu aucune expérience sexuelle antérieure, j'ai soudain découvert que j'étais une femme. Tous mes désirs de femme étaient en éveil, et je ne savais pas comment les gérer. Cela paraît horrible de dire qu'une telle cruauté ait pu avoir un résultat pareil, mais c'est la vérité.
>
> "Je peux te satisfaire", disait Dieu.
>
> Je me défendais: "Tu ne sais pas de quoi tu parles. Ce n'est pas d'un amant virtuel, spirituel, dont j'ai besoin, mais d'un homme, d'un vrai, pour me prendre dans ses bras."
>
> Mais Dieu me rappelait tout le temps: "Je pourvoirai à tous tes besoins." Totalement désespérée, je m'écriai alors: "O.K., Seigneur, si tu es vraiment sérieux, à toi de jouer."
>
> C'est alors que je sentis Dieu répondre à mon besoin sous toutes ses formes. Je n'avais pas la moindre idée de la nature de mes aspirations – et je pensais que Dieu non plus – mais il savait quoi faire. Quand il dit qu'il serait un mari pour moi (Esaïe 54:5), c'était sérieux. Il répondit à mes désirs et me combla d'un sommeil réparateur. Je me suis réveillée le lendemain matin avec une conscience renouvelée de l'amour de Dieu, et une compréhension toute neuve du fait que Dieu m'acceptait telle que j'étais.
>
> Non seulement Dieu m'apporta la satisfaction et l'apaisement de mes désirs, mais en même temps je reçus aussi un cœur plus léger et une joie renouvelée.[8]

8. *Ibid.*

Quand Christ est Maître et Seigneur, il est aussi capable de vous aider à dompter le dragon. Un des passages des Ecritures qui me fut d'un grand secours est celui où Paul écrit (2 Corinthiens 10:4-5):

> Car les armes avec lesquelles nous combattons ne sont pas charnelles; mais elles sont puissantes par la vertu de Dieu pour renverser des forteresses. Nous renversons les raisonnements et toute hauteur qui s'élève contre la connaissance de Dieu, et nous amenons toute pensée captive à l'obéissance de Christ.

Martin Luther affirmait que si l'on ne peut empêcher les oiseaux de voler au-dessus de notre tête, on peut les empêcher de construire leur nid dans nos cheveux. Quel rapport? La vue d'une belle fille aux formes avantageuses ou d'un garçon bien constitué, aux muscles saillants, vous fera toujours battre le cœur un peu plus vite. Nous sommes ainsi faits que nous sommes attirés par le sexe opposé. On n'y peut rien, mais c'est à partir de ce moment que votre responsabilité entre en jeu. Quand vous déshabillez la fille du regard et que vous vous imaginez la sensation de son corps contre le vôtre, Dieu vous tient pour responsable de vos pensées.

Donc, quand vous vous surprenez à avoir des pensées que vous reconnaissez impures et condamnables, empressez-vous de les confesser à Dieu et demandez-lui son aide pour amener ces pensées à l'obéissance de Jésus-Christ.

Les rêveries et "les succédanés du sexe" de toutes sortes ne devraient avoir aucune place dans la vie de ceux qui ont soumis leur vie et leur avenir à leur Sauveur. Rappelez-vous ce qu'il a dit: "Vous avez appris qu'il a été dit: Tu ne commettras point d'adultère. Mais moi, je vous dis que quiconque regarde une femme pour la convoiter a déjà commis un adultère avec elle dans son cœur" (Matthieu 5:27-28). Dieu est en mesure de vous donner la grâce de supporter vos désirs biologiques jusqu'à ce qu'il vous fasse rencontrer la personne qui sera votre conjoint et satisfera vos besoins sexuels, si tant est que cela soit sa volonté pour vous.

En attendant, acceptez de laisser au Saint-Esprit le contrôle de cette partie de votre vie. Dans son livre *Le grand divorce... entre le ciel et la terre*, C.S. Lewis raconte l'histoire imaginaire d'un groupe de personnes qui reçoivent une deuxième chance d'aller au paradis, à condition de renoncer au péché qui les a empêchés d'y entrer jusqu'alors. L'un de ces jeunes a un lézard tatoué sur son épaule qui symbolise ses obsessions sexuelles. Le messager du ciel demande au jeune homme d'abandonner ce fardeau en disant: "Permets-moi seulement de retirer ce lézard qui orne ton épaule." Le jeune hésite, et le lézard lui souffle à l'oreille: "Tu sais bien que s'il me tue, il enlèvera tout plaisir dans ta vie." Il est partagé car il a le désir de faire ce qu'il sait être bien mais en même temps cela lui fait peur. Pour finir, il lâche son lézard en hurlant d'angoisse. Mais soudain, une transformation s'opère. Le lézard devient un étalon d'or étincelant. Ronald Burwell donne l'explication: "La sexualité de bas étage représentée par le lézard devient la sexualité majestueuse et triomphante que Dieu a prévue pour nous."[9]

Quand il vous apporte son soutien, les ressources qu'il met à votre disposition vous permettent de garder votre équilibre émotionnel et votre pureté morale en tant que célibataire dans un monde de couples.

L'ennemi n° 4 du célibataire: les problèmes financiers

Les célibataires adolescents sont des visionnaires et des rêveurs. A l'époque où leur libido est la plus exacerbée, leur capacité à la gérer de façon réaliste est au plus bas. On n'acquiert pas la maturité en un tour de main. C'est un lent processus, souvent le fruit d'essais et d'erreurs.

9. Ronald Burwell, "The Most Important Thing in the World and Other Myths About Sex", *His*, mai 1981, p. 12.

A vingt ans, les célibataires jouissent d'une grande liberté. La plupart ne vivent plus sous la tutelle de leurs parents. Les années d'université débouchent sur un emploi et des revenus. La majorité d'entre eux passent progressivement du soutien qu'ils reçoivent de leurs parents à l'indépendance financière. Un célibataire n'a pas à entretenir une famille, ce qui lui laisse un pouvoir d'achat élevé. Voiture, vêtements, distractions, voyages, stéréo, ordinateur, tous les biens de consommation auparavant hors de ses moyens deviennent dès lors plus accessibles.

La plupart des célibataires autour de la vingtaine n'ont pas pris clairement conscience des réalités de la vie économique. Après tout, se disent-ils, j'ai tout le temps pour mener une vie stable et penser à assurer mon avenir financier. Par contre, vers la trentaine, ceux qui sont restés célibataires prennent cette réalité en pleine figure. "Mais au fait, pense-t-on alors, je commence à prendre de l'âge, et je crois que je ferais bien de penser à mon avenir."

La trentaine révolue, la majorité a déjà fait le choix d'une carrière, et à cet âge-là, la plupart des femmes attendent toujours impatiemment le prince charmant qui les emmènera sur son beau cheval blanc, ou sinon, que cela leur plaise ou non, elles doivent se préoccuper sérieusement de leur avenir financier.

Cela vous intéresse-t-il de gérer votre argent intelligemment? Sans m'étendre très longuement, permettez-moi de vous livrer dix conseils qui feront une énorme différence pour vous aider à atteindre l'indépendance économique.

1° Que Dieu – et non l'argent – soit le but de votre vie et votre raison de vivre

Dis-moi pour quoi tu vis et je te dirai qui tu sers réellement. George MacDonald, l'homme qui eut une immense influence sur C.S. Lewis, écrivit ceci: "L'homme riche n'est pas le seul à vivre sous la domination des choses matérielles. C'est aussi le cas de ceux qui sont devenus les esclaves de leur manque d'argent et qui en sont très malheureux." Ceux qui ne vivent que pour accumuler des biens matériels ont une vie bien superficielle. Cherchez d'abord le royaume de Dieu et vous serez très étonnés de la façon dont il vous bénira de tout ce que l'argent ne peut acheter.

2° Ne vivez pas au-dessus de vos moyens

Ne faites pas comme cette jeune femme qui disait: "Je me suis engagée à ne pas vivre au-dessus de mes moyens même si je dois, pour ce faire, emprunter." Vous pensez sans doute: "Ce pauvre Sala, il n'est vraiment pas branché." Si tel est le cas, alors les hommes d'affaires qui ont réussi ont aussi tort que moi. La plaie du crédit à la consommation (combien d'offres de cartes de crédit avez-vous reçues depuis que vous avez obtenu vos diplômes?) entraîne de nos jours bien des célibataires au fond du chaos financier. Le crédit s'obtient facilement. Pourquoi donc attendre? Achetez tout de suite et profitez-en.

Edward Kantzian, professeur associé de psychiatrie à la faculté de médecine d'Harvard, dit ceci: "Aux yeux de bien des gens, admettre qu'ils ne peuvent s'offrir ce qu'ils veulent, c'est se placer en position de faiblesse. Il leur faudrait se dire non à eux-mêmes, et qui aime cela?"

Dire non aux dettes, c'est dire oui à l'avenir. C'est un concept pratique mais également biblique. "Ne devez rien à personne, si ce n'est de vous aimer les uns les autres", a écrit Paul en Romains 13:8.

Etablissez un budget basé sur vos revenus, ainsi vous ne vivrez pas au-dessus de vos moyens, et prendrez conscience que l'argent n'est pas un moyen de vous faire plaisir ni une arme mais qu'il vous a été confié pour le faire fructifier. Ne dépensez jamais l'argent qui ne vous appartient pas pour en mettre plein la vue à ceux qui vous agacent ou pour vous procurer des biens dont vous n'avez pas un réel besoin. Sinon, vous ne ferez que vous faire tort à vous-même.

3° Résistez à l'achat impulsif

Du fait que certains célibataires ont plus de pouvoir discrétionnaire (en clair, ils disposent de plus d'argent pour acheter ce qu'ils veulent) que leurs homologues mariés, ils deviennent la cible des commerçants qui font leurs choux gras des émotions de leurs clients. Avant d'acheter un article qui vous plaît mais dont vous n'avez pas besoin et que vous n'aviez aucune intention d'acheter en entrant, posez-vous ces trois questions:

1. En ai-je vraiment besoin?
2. Ai-je la place de l'installer chez moi?
3. Puis-je me le permettre financièrement?

A moins de pouvoir répondre oui à toutes ces questions, réfléchissez-y à deux fois avant de dire: "Oui, j'achète."

4° Evitez d'acheter à crédit des articles qui se déprécient

Ce qui menace le plus sérieusement votre indépendance financière, c'est l'achat avec une carte de crédit. Les "facilités de paiement" n'ont rien de facile. Votre pouvoir d'achat sera augmenté de 40% au moins si vous évitez de payer des intérêts qui vont de 18 à 40% l'an.

5° N'empruntez que pour des achats qui prendront de la valeur

Oui, mais lesquels? On trouve peu d'articles dans cette catégorie. A long terme, l'immobilier prend généralement de la valeur, mais presque tout le reste – vacances, voyages, postes de TV, vêtements, platines de CD, etc. – est si tentant qu'on serait prêt à emprunter pour en jouir immédiatement, mais ce n'est pas de cela dont je parle.

Que dire à propos des emprunts pour une voiture? Une voiture est en général une nécessité économique qui assure le transport sur le lieu de travail. Mais le genre de véhicule choisi détermine si c'est un investissement rentable qui vous permet de ne pas être au chômage – ce qui génère évidemment un revenu – ou si ce n'est qu'un objet de luxe doté des options les plus mirobolantes qui ne sont pas vraiment utiles. Méfiez-vous du vendeur quand il vous oriente sur la gamme qu'il voudrait vous voir choisir. Demandez conseil et n'achetez pas plus que ce qui vous est nécessaire. Options et gadgets peuvent attendre.

6° Gardez vos amis en répondant: "Désolé, je ne peux pas" s'ils demandent à vous emprunter de l'argent

La Bible dit que l'emprunteur devient l'esclave de son créditeur. L'emprunt d'argent figure en tête des facteurs de destruction d'une amitié solide (mis à part l'emprunt de petits amis).

Jean était le meilleur ami de Marie; rien de romantique entre eux, mais tout semblait les diriger dans cette direction. Il avait deux mois de retard sur le paiement de sa voiture et il commençait à craindre que la société de crédit ne reprenne possession du véhicule. "Je te prêterai l'argent nécessaire si tu me promets de me le rendre le premier du mois, car c'est ce jour-là que je règle mon loyer", proposa Marie devant leurs verres de soda.

Jean emprunta l'argent et se retrouva au chômage la semaine suivante car le chantier où il était employé s'était terminé plus tôt que prévu. Le premier du mois échu, Marie dut appeler Jean car il ne l'appelait pas lui-même. "J'aurai l'argent dans une semaine", lui promit-il, alors qu'il n'avait pas la moindre idée de la façon dont il pourrait se le procurer.

L'argent n'arrivant toujours pas, Marie dut emprunter à ses parents, et dès ce jour la relation entre Jean et elle fut gâchée car elle venait d'avoir la preuve qu'on ne pouvait pas faire confiance à Jean.

7° Veillez à la qualité de vos investissements, mais méfiez-vous des propositions promettant de faire fortune à brève échéance

L'expression: "Si vite âgé, et sage si tard" prend tout son sens en rapport avec les réalités économiques des célibataires. Prenez par exemple les intérêts composés.

Disons que vous avez 21 ans, et que le jour de l'obtention de votre diplôme universitaire, votre père vous donne 100 francs (ou euros). Dès ce jour, vous décidez de déposer la même somme tous les mois pour un produit financier rapportant en moyenne 10% l'an. A 65 ans, cette habitude vous aura rapporté pour vos vieux jours la coquette somme de 963'647.25 francs (ou euros), bien assez pour couler une retraite tranquille jusqu'à la fin de vos jours.

Si au contraire vous attendez disons d'avoir 40 ans et que vous mettez de côté la même somme chaque mois au même taux d'intérêt, vos économies ne se monteront alors qu'à 134'994.75 francs (ou euros). La différence est énorme.

Un mot d'avertissement de la part de quelqu'un qui est passé lui-même par là: tôt ou tard, un ami viendra vous trouver pour vous dire: "Ecoute, je t'aime bien. Tu es mon ami et je vais te faire connaître une affaire qui rapporte 300% en retour sur un investissement, mais tu dois prendre ta décision aujourd'hui." Gare! La cupidité est l'ennemi n° 1 d'un investissement sûr. Personne ne nourrit gratuitement, et tout ce qui paraît si alléchant doit vous mettre sur vos gardes.

8° Faites la preuve que vos biens appartiennent au Seigneur en suivant ce que dit la Bible en matière de dons

"Attendez, pensez-vous peut-être, pour quelle raison devrais-je donner quoi que ce soit à Dieu? C'est mon argent, je l'ai gagné après tout." La pratique de la dîme, qui consiste à donner un dixième de son revenu au Seigneur, ne vous est peut-être pas familière du tout. Or c'est une pratique très ancienne. Elle remonte à l'époque d'Abraham, d'Isaac et de Jacob dans l'Ancien Testament.

"Suis-je obligé de me plier à cette pratique pour plaire à Dieu?"

Je répondrai "non", mais je n'en suis pas moins convaincu que ceux qui l'acceptent voient un retour de leur investissement qui ne peut s'évaluer en termes financiers uniquement. Cela peut sembler d'une logique mathématique douteuse, mais Dieu se sert des 90% qui restent pour les faire fructifier mieux que si on avait tout gardé. Comment puis-je l'affirmer? Je me suis décidé à donner la dîme quand j'étais célibataire, j'ai continué pendant notre mariage et j'ai pu constater que Dieu honorait sa promesse à ce sujet année après année. (Vous trouverez d'autres références bibliques en 1 Corinthiens 16:2; Luc 6:38; Malachie 3:10.)

9° Pensez à ceux qui sont moins riches que vous

En Proverbes 19:17, il est dit: "Celui qui a pitié du pauvre prête à l'Eternel, qui lui rendra selon son œuvre."

10° Amassez-vous des trésors dans le ciel

Jésus s'est exprimé ainsi:

> Ne vous amassez pas des trésors sur la terre, où la teigne et la rouille détruisent, et où les voleurs percent et dérobent; mais amassez-vous des trésors dans le ciel, où la teigne et la rouille ne détruisent point, et où les voleurs ne percent ni ne dérobent. Car là où est ton trésor, là aussi sera ton cœur. (Matthieu 6:19-21)

Cela signifie que vous aurez avantage à définir le projet de votre vie. Allons-y. Essayez de terminer la déclaration suivante en quelques phrases: "Je vis dans le but de__________

____

Passons maintenant au cinquième ennemi des célibataires.

L'ennemi n° 5 du célibataire: des relations vides de sens

Le choix que font les célibataires d'être sexuellement actifs a beaucoup moins à voir avec la luxure qu'avec le désir de construire des relations durables. Notre besoin de relations humaines est si important pour nous que nous en venons parfois à accepter des situations qui, nous le savons, ne contribuent pas à notre bien.

Cas n° 1. Myriam grandit dans une famille complètement dysfonctionnelle. Son père, évadé de prison, fit la rencontre de sa mère qui devint enceinte. Elle n'eut jamais de relation véritable avec l'homme qui vivait avec sa mère avant l'âge de deux ans.

Depuis lors, elle vit passer en grandissant toute une kyrielle d'hommes qui vivaient avec sa mère sans jamais lui procurer une image paternelle valable. Elle ne manqua pas de faire l'expérience du rejet et même des abus qui résultent d'un tel mode de vie. Elle fugua à 16 ans et décida de vivre avec un copain qui la mit aussi enceinte avant de disparaître du paysage. "Ce que je recherchais, ce n'était pas faire l'amour, mais vivre avec quelqu'un qui m'aime."

Cas n° 2. "Je me disais que me marier apporterait la solution à mes problèmes financiers", me confia un jour une jeune fille que j'appellerai Patricia. Ce fut effectivement le cas temporairement, mais, mariée à un homme de 14 ans son aîné, Patricia eut tôt fait de se lasser. Il désirait passer les samedis après-midi devant la télévision alors qu'elle ne rêvait que de sortir et avoir des activités. C'est ce qu'elle finit par faire, sans lui, et dans la foulée elle rencontra quelqu'un qui lui sembla mieux répondre à ses besoins et elle quitta son mari.

Cas n° 3. "Je me sens si seul. Vivre avec quelqu'un ne peut qu'être préférable à une vie passée dans la solitude." Un des problèmes qu'entraîne une réflexion immature, c'est qu'on devient si obsédé par ses besoins qu'on se montre aveugle quant aux conséquences des décisions prises. Dans mon livre, *Coffee Cup Counseling*, j'encourage les personnes qui doivent prendre des décisions impliquant des relations à prendre en considération les conséquences à long terme. Comment cette décision va-t-elle influencer votre avenir? Si, célibataire, vous veniez à avoir un enfant, quel effet ce choix aurait-il sur votre enfant? Et votre famille? Que cela vous plaise ou non, vos décisions ont des conséquences sur leur vie aussi. La question la plus importante pour finir: "Quelle est la place de Dieu dans ce que je suis sur le point de faire?"

Le facteur qui empêche le plus les célibataires d'établir des relations saines est la peur:

- peur de ne pas être à la hauteur
- peur du rejet
- peur du risque
- peur d'avoir des rapports sexuels qu'on ne se sent pas prêt à assumer
- peur de la confrontation
- peur de l'intimité suite à une expérience traumatisante
- peur de perdre la maîtrise des événements
- peur de se sentir étouffé par la personnalité de quelqu'un.

La peur vous laisse replié sur vous-même dans le quartier haute sécurité de la prison de votre isolement. Il faut faire face à la peur et la surmonter. Au lieu d'essayer de créer des relations avec n'importe qui, soyez sélectif et attachez-vous à développer l'amitié d'une ou deux personnes que vous respectez. Efforcez-vous de vous montrer chaleureux et agréable, et sur la base de ces quelques amitiés qui vous donneront confiance en vous, vous verrez s'élargir votre cercle d'amis.

Dans le chapitre suivant, j'ai l'intention de développer les trois besoins essentiels auxquels il faut répondre en tant que célibataire, et comment le faire de façon à en retirer assez d'assurance pour se tourner vers les autres. Avant de commencer, passons en revue les facteurs qui rendent une relation intéressante, que ce soit en amitié ou en amour.

1. Le respect. Peu importe pourquoi, quand on n'a plus de respect pour quelqu'un, la relation a tôt fait de se dégrader. Jeanne était la "meilleure amie" de Robert, le jeune homme si séduisant qui travaillait dans le même service. Puis vint le jour où il l'invita au restaurant. Quand elle le fit entrer dans son appartement, ils regardèrent une cassette vidéo, et il se mit à la caresser d'une façon qui la mit mal à l'aise. "Arrête, Robert. Je ne suis pas prête pour ce genre de relation avec toi." Loin de s'arrêter, il arracha son chemisier en lui disant: "Après ce dîner, je pense que je mérite cela, et je pensais que c'était aussi ce que tu avais en tête." Ce n'était pas le cas. Elle ne désirait plus qu'une seule chose, qu'il parte au plus vite. Il resta couché sur elle et elle se mit à trembler de peur. Puis elle parvint à se remettre debout en pleurant et en criant au secours, et se précipita contre la porte de son voisin où elle frappa de toutes ses forces. Il finit par s'en aller, et de ce jour, il leur devint intolérable de travailler ensemble.

2. La confiance. Quel que soit le niveau de vos relations, la confiance est un élément vital. Cela fait partie de l'intégrité, qu'on peut définir comme "la disposition qui vous fait faire ce que vous avez promis de faire". Si quelqu'un est toujours en retard et n'appelle pas pour s'excuser, si on ne peut pas compter qu'il tienne ses promesses, ce n'est pas le genre d'amitié à entretenir. C'est aussi simple que cela.

3. L'intimité, à ne pas confondre avec l'intimité sexuelle. Je définis l'intimité comme la proximité, le genre de relations basées sur la confiance qui permet de se dévoiler, de se montrer tel que l'on est, sans craindre le rejet.

Comme le disent Carolyn Koons et Michael Anthony dans leur ouvrage *Single Adult Passages*: "Beaucoup de célibataires doivent encore découvrir que l'on peut se sentir très proche de quelqu'un sans passer par des relations sexuelles, et que l'on peut partager ses pensées sans nécessairement partager le même lit. Ce n'est que lorsque les partenaires ont acquis cette certitude que la véritable intimité – l'attachement d'une âme à l'autre – peut se réaliser."[10]

4. L'amitié. "Je suis sûre que mon petit copain m'aime, commentait un jour une jeune fille, et pourtant nous ne sommes pas les meilleurs amis." Il arrive que des couples aient été mariés pendant des années sans jamais avoir réussi à devenir bons amis. Quand on a grandi dans un milieu où les relations profondes n'existaient pas, il est difficile de sortir de sa coquille et d'offrir aux autres une amitié authentique.

5. Le soutien émotionnel. Dans une relation de qualité, les deux individus peuvent compter l'un sur l'autre pour se soutenir émotionnellement, sans que l'un devienne la béquille de l'autre. C'était le cas de David et de Jonathan dans l'Ancien Testament. Quand David était en danger de mort, Jonathan le soutenait, lui apportait à manger et lui fournissait des informations importantes: il l'aimait comme lui-même.

6. La franchise. "Les blessures d'un ami prouvent sa fidélité, mais les baisers d'un ennemi sont trompeurs" (Proverbes 27:6). Qu'est-ce que cela veut dire? Qu'il faut s'attendre à ce qu'un ami vous frappe par-derrière? (Avec de tels amis, on n'a pas besoin d'avoir d'ennemis.) Pas du tout. Cela signifie qu'un ami vous aime tellement en tant que personne, qu'il est d'une franchise absolue avec vous. Il est mû par l'amour, pas par l'hostilité.

10. *Op. cit.*, p. 137.

7. *La satisfaction réciproque*. Des relations ne sont bonnes que si elles le sont pour les deux. L'un ne retire rien de l'autre sans l'enrichir à son tour, si bien que les deux deviennent meilleurs que s'ils ne s'étaient jamais rencontrés et aimés. C'est justement cet équilibre qu'on trouve dans la relation de David et Jonathan.

Avant de passer au chapitre suivant, faites l'inventaire suivant: de ces ennemis jurés des célibataires, lequel décrit le mieux le besoin que vous ressentez en ce moment (solitude, frustration sexuelle, manque de stabilité financière et de relations satisfaisantes)?

Sur une échelle de un à dix, dans quelle mesure croyez-vous que Dieu peut vous venir en aide?

Pouvez-vous dire honnêtement: "Seigneur, je te soumets ma vie et mon avenir. J'en ai assez d'essayer de me débrouiller toujours tout seul. Prends ma vie et aide-moi à en rassembler les morceaux"?

Suis-je en train de m'appuyer sur quelqu'un comme sur une béquille, me sentant incapable de tenir debout par moi-même?

La peur fait-elle partie des raisons qui m'empêchent de m'ouvrir aux autres? Si tel est le cas, d'où vient le problème et que puis-je faire pour y apporter une solution? Est-ce une peur légitime ou imaginaire?

3

Quels sont vos besoins réels?

"Bénies soient les oreilles qui perçoivent le chuchotement divin."

Thomas a Kempis

Les besoins des célibataires sont-ils essentiellement les mêmes que ceux de leurs homologues mariés ou – du fait de leurs modes de vie différents, de leur plus grand pouvoir d'achat, du caractère de leurs relations et de leurs amitiés – les célibataires ont-ils des besoins spécifiques?

La question peut être posée de façon encore plus personnelle: comment définiriez-vous vos besoins réels (pas vos caprices)?

De quoi avez-vous vraiment besoin, en tant que célibataire, pour vivre une vie comblée et épanouie? Pour connaître le contentement, vous n'avez pas besoin de:

- un grand appartement
- un corps sexy
- des vêtements dernier cri
- des amis influents
- de l'argent en banque
- une tante entremetteuse
- une croisière en Méditerranée

- des amis qui vous empruntent votre argent
- une vie sexuelle active
- une montre Rolex (même si personne ne peut savoir que vous l'avez achetée à la sauvette à Hong-Kong)
- un cabriolet

Qu'est-ce qui est vraiment indispensable, alors? Pour ce qui est de vos besoins émotionnels, je suis certain qu'il existe trois besoins spécifiques, tellement interdépendants que la qualité de votre vie se trouvera augmentée ou amputée selon le degré de satisfaction de l'un d'eux. Aussi surprenant que cela puisse paraître, ces besoins sont les mêmes pour les couples et les célibataires; cependant (voilà un mot qui semble annoncer une volte-face à 180 degrés), la façon dont vous les satisferez risque d'être fort différente de celle qui convient à vos homologues mariés.

En outre, vous n'êtes pas *eux*. Vous êtes *vous*. Voilà pourquoi c'est un problème tout à fait personnel.

Dans les années 1960, un psychiatre catholique inventa une nouvelle approche des besoins émotionnels. Pendant ses années d'études de médecine, le Dr William Glasser parvint à la conclusion que Sigmund Freud était à côté de la plaque dans sa définition de la vie et la façon de la gérer. Glasser fut donc le pionnier d'une nouvelle approche psychothérapeutique qu'il appela *thérapie de la réalité*.

Glasser affirme qu'on se conduit de façon responsable lorsqu'on a satisfait ses besoins émotionnels. Alors, le niveau de votre réservoir émotionnel, ce qui vous pousse en avant, est à son plus haut niveau. Mais si vos besoins émotionnels ne trouvent pas de réponse, le niveau de votre réservoir baisse et, tel un homme titubant dans le désert à la recherche d'eau, vous vous mettez à faire des choses étranges qui n'apportent que des ennuis. C'est ce qui explique pourquoi certains célibataires se fourrent dans des situations qui semblent inextricables, bien qu'ils en pâtissent énormément et qu'ils sachent pertinemment qu'ils ne devraient pas les tolérer.

Glasser pense que toute personne a deux besoins de base:

1. Donner et recevoir de l'amour.
2. Sentir qu'elle est en mesure de faire du bien, à elle-même et à autrui.

Autrement dit, il existe deux besoins émotionnels: donner de l'amour et en recevoir, et avoir une bonne estime de soi. Du fait de notre nature spirituelle, qu'il me soit permis d'en ajouter un troisième: un sentiment de sécurité intérieure qui ne peut venir que d'une relation verticale avec Dieu. C'est cette dernière qui vous procure l'ancre indispensable quand le navire de votre vie essuie une tempête qui vous fait craindre de vous abîmer sur les récifs. Considérons ces trois besoins du point de vue d'un célibataire.

Besoin n° 1: donner et recevoir de l'amour

Dans les années 1970, Burt Bacharach et Hal David écrivirent une chanson intitulée "Ce dont le monde a besoin aujourd'hui... c'est d'amour, d'amour tendre", mais on ne voyait pas très bien si leur définition de l'amour penchait pour l'engagement ou pour l'intimité.

Feu le psychiatre Karl Menninger – un homme que je respectais profondément d'un point de vue professionnel – déclara un jour: "L'amour est le remède à tous les maux de notre monde." Eric Fromm, psychologue souvent cité, pense que la solitude et l'incapacité d'aimer sont à la racine des désordres autant psychiques qu'émotionnels.

"Il vient un temps dans la vie où il est indispensable d'aimer son prochain, faute de quoi la personnalité se rabougrit et prend un caractère retors."

"Je veux bien, pensez-vous. L'amour est important, d'accord, et pas nécessairement l'amour conjugal ou sexuel, mais la sorte d'amour capable de cimenter une relation. Mais vous n'avez toujours pas donné votre définition de l'amour."

Quelle définition en donneriez-vous? "Voyons, répondrez-vous, tout le monde sait ce que cela veut dire." Vraiment? Quand je demande à mon auditoire de m'en donner une définition, vous devriez entendre les réponses du style: "Et bien, l'amour c'est... mais enfin, tout le monde sait ce que c'est" que je reçois. En fait, beaucoup d'hommes pensent que l'amour s'épelle S-E-X-E. Définir l'amour est aussi facile que de clouer de la gelée au mur.

Dans *Alice au pays des merveilles*, Lewis Carroll rapporte une conversation entre Alice et Humpty Dumpty. Ce dernier dit d'un ton plutôt méprisant: "Quand j'emploie un mot, je lui donne le sens qui me plaît, rien de plus, rien de moins." Alice ne peut se satisfaire de tant d'ambiguïté et réplique: "La question, c'est de savoir si nous avons le droit de donner au même mot un sens et son contraire."

Votre petit frère peut dire: "J'aime le chocolat à tartiner." Votre père: "J'aimerais tant être le patron de ma société." Et vous: "J'aimerais avoir une maison à moi."

Avec le même mot vous avez dit tous les trois quelque chose de différent. Votre frère dit qu'il aime dévorer les tartines de chocolat. Votre père qu'il voudrait diriger sa société. (Car, évidemment, il s'en sortirait bien mieux que celui qui occupe le poste convoité.) Quant à vous, vous aimeriez devenir propriétaire de votre logement.

Voyez-vous où je veux en venir? Quand quelqu'un vous déclare son amour, a-t-il en tête une émotion romantique ou une réaction viscérale envers votre corps? Pour certains, l'amour est un nom: on le donne et on le reçoit. Pour d'autres, c'est un sacrement, saint et pur. D'autres encore n'y voient que l'assouvissement de leurs désirs sexuels. Tout dépend de la façon dont on définit le mot.

Dans la chambre haute, Jésus a dit aux disciples qu'ils devaient s'aimer les uns les autres autant que lui les avait aimés (Jean 13:34). Il plaçait la barre plutôt haut, n'est-ce pas? Et vous répondez: "Pas question, je ne suis pas Jésus, je n'y arriverai jamais." Pendant longtemps j'ai refusé de voir l'importance de ces paroles, car ce n'était pour moi qu'un idéal, vers lequel on pouvait bien sûr tendre, mais que je ne serais jamais en mesure de réaliser.

Plus tard, je me suis mis à examiner la façon dont Jésus aimait les siens. Permettez-moi de faire quatre observations qui vous aideront à donner de l'amour et d'en recevoir.

1° L'amour de Jésus était synonyme d'engagement inconditionnel

L'amour de Jésus pour ceux qui marchaient avec lui ne pâtissait jamais de leurs échecs personnels, ni même du rejet qu'ils pouvaient manifester. Il ne dépendait jamais de la réponse qui lui était donnée. Le plus souvent, les gens étaient sensibles à la chaleur de son amour, mais il arrivait aussi qu'ils se détournent de lui. Ce fut le cas du fameux jeune homme riche. Marc rapporte une observation puissante: "Jésus le regarda et l'aima" (10:21)

Vous est-il arrivé d'éprouver pour quelqu'un un amour non réciproque? Vous vous sentiez brisé, dévasté, écrasé. Comment avez-vous réagi? En battant en retraite et enterrant toute pensée d'amour ("ces sentiments qui sont morts", pour reprendre les mots du chanteur Paul Simon)?

Il y a des années, l'un de mes meilleurs amis, un homme que j'aimais comme un frère, décida, pour je ne sais quelle raison théologique invraisemblable, qu'il ne pouvait plus rester mon ami (ce dont il s'est excusé auprès de moi une vingtaine d'années plus tard). J'étais déçu et blessé. Cette perte était grave pour moi. C'est alors que la douce voix du Saint-Esprit se fit entendre au-dessus de ce sentiment de perte: "Il ne pourra jamais t'empêcher de l'aimer." Avez-vous compris cette leçon? Peu importe ce que l'autre peut vous faire, il ne peut briser votre engagement de vous préoccuper de lui, et c'est de cela qu'il est question en matière d'amour.

Si souvent, notre amour est conditionnel: "Je t'aimerai à condition que tu m'aimes en retour, mais si tu ne m'aimes pas autant que moi, c'est fini entre nous. Je reprends mes billes et au revoir." L'amour de Jésus n'était pas conditionnel, il était sans restrictions. Nous pouvons et devons aimer de cet amour-là.

2° L'amour de Jésus était synonyme d'engagement envers des individus imparfaits

Considérez attentivement qui étaient les disciples de Jésus, quelles étaient leurs faiblesses et les caractéristiques de leur personnalité. S'il y a eu sur terre une équipe dysfonctionnelle d'un point de vue social, ce pouvait bien être celle-ci! Prenons l'exemple de Pierre. On le surnomme souvent "Pierre l'impulsif". Et c'est légitime, car il avait 90% d'impulsivité et 10% de raison. Et "Thomas l'incrédule", le genre à dire: "Je ne crois que ce que je vois." Sans oublier Jacques et Jean, eux qui demandèrent à Jésus de faire tomber le feu du ciel sur ceux qui chassaient les démons en son nom. Sympathiques, Jacques et Jean, n'est-ce pas?

Pensez à la Samaritaine (celle qui rencontra Jésus au puits de Sychar), mariée 5 fois et qui vivait en concubinage avec un autre. Et Zachée, renfermé, antisocial. Et Marie, et Marthe, j'en passe et des meilleures.

Personne n'est parfait. Qui n'a pas ses défauts? Si vous attendez de trouver quelqu'un de parfait pour lui accorder votre amour, laissez tomber, vous ne trouverez jamais.

Une missionnaire célibataire, Florence Alshorn, partit pour l'Ouganda. Elle eut tôt fait de comprendre pourquoi tous ses prédécesseurs avaient refait leurs valises à plus ou moins brève échéance. Rien à voir avec les cafards et les épidémies, ni même avec les chasseurs de têtes qui rôdaient dans la jungle voisine. Le problème majeur, c'était la missionnaire en chef, une femme au caractère impossible qui refusait de lui adresser la parole pendant plusieurs jours de suite. Et pourtant, si Florence pouvait espérer parler un jour la langue des indigènes, le seul professeur à sa disposition était bien cette vieille fille qui avait pris, seule, l'initiative de brûler plusieurs villages pour empêcher la propagation d'une épidémie.

Florence faillit bien renoncer. Elle avait toutes les bonnes raisons de refaire ses bagages et de rentrer chez elle; mais non. Chaque jour, elle lisait 1 Corinthiens 13 et priait pour la missionnaire en chef.

Vous vous attendez à ce que je précise que l'histoire se termine par la victoire de la prière sur le caractère irascible de la vieille fille acariâtre, n'est-ce pas? Je ne sais pas ce qu'il en fut pour elle, mais ce dont je suis sûr, c'est que la prière transforma Florence et le regard qu'elle portait sur son professeur. Elle nota dans son journal ces paroles touchantes et pleines d'à propos: "Aimer signifie accepter l'autre tel qu'il est. Si, avant de l'aimer, vous attendez qu'il se débarrasse de ses défauts, vous n'aimez qu'un concept. Aimer l'autre, c'est l'aimer tel quel, en gardant le pénible espoir de le voir changer. Alors seulement nous aimons de l'amour de Christ."[1]

Quelles paroles puissantes! Existe-t-il dans votre entourage quelqu'un de spécial, du genre bizarre, qui ne paraît pas très sympathique? Relevez le défi de Florence Alshorn. Lisez 1 Corinthiens 13 tous les jours et priez pour cette personne. Astreignez-vous à cela pendant trente jours, et voyez ce qui se passe.

3° L'amour de Jésus répondait aux besoins de ceux qui étaient l'objet de son amour

Question: Comment Jésus aimait-il son Eglise?

Réponse: Il a fait pour elle ce qu'elle ne pouvait pas faire pour elle-même. Il est mort pour elle.

Conclusion: L'amour véritable place toujours les besoins d'autrui avant les siens.

1. J.D. Oldham, *Florence Alshorn*, pp. 22-29, cité par Vernon Grounds dans "The Love Which Enables and Transforms".

"Si tu m'aimes vraiment, prouve-le-moi en faisant l'amour avec moi."

"Si tu m'aimais vraiment, tu ne me demanderais pas cela, car le sexe sans l'engagement du mariage ne peut satisfaire mes besoins, pas plus que les tiens."

4° L'amour de Jésus exigeait un sacrifice personnel

L'amour véritable a un coût, et c'est la raison pour laquelle il ne nous plaît pas beaucoup. En pensant à l'amour de Jésus, nous voyons planer le spectre de la croix. Ce qui nous intéresse, c'est de recevoir de l'amour, pas de souffrir ou de nous sacrifier pour en donner aux autres.

Mère Térésa l'a exprimé de façon lapidaire: "Pas d'amour véritable sans souffrances." Nous vivons dans un monde imparfait, et reprendre votre amour suite au chagrin que provoque un rejet ne fait qu'aggraver votre solitude et vous dévaluer en tant que personne. A éviter.

Qu'est-ce que l'amour? Prenez ces quatre observations et leur combinaison vous ouvrira la porte de l'amour, ainsi défini: engagement inconditionnel, pris envers une personne imparfaite, de répondre à ses besoins d'une manière qui entraîne des sacrifices pour soi-même.

Un tel amour est-il possible? Oui, pour vous aussi.

Il reste encore à dire qu'aimer est tout différent d'être amoureux. L'amour est une décision, un engagement de se préoccuper de l'autre, et on peut prendre cette décision sans relever au préalable la température de son cœur. Etre amoureux, c'est fantastique, mais aimer transcende les émotions et les hormones qui nous attirent vers l'autre d'un point de vue sexuel.

Comment apprendre à aimer, surtout quand on vient d'échouer lamentablement?

Notre besoin de donner et de recevoir de l'amour a été placé en nous par Dieu lui-même, et c'est également lui qui a fait en sorte que ce besoin soit satisfait, au moins potentiellement. Le problème, c'est que notre capacité d'aimer a été amoindrie par des rapports sans lendemain et des relations brisées. En reprenant cet amour, nous étouffons le courant de l'amour de Dieu qui devrait passer par nous pour atteindre les autres. La Bible exprime clairement que Dieu est la source de tout amour (1 Jean 4:8), et que c'est son amour qui coule dans nos vies, grâce au Saint-Esprit en nous (Romains 8:5)

Si vous sentez que le niveau de votre réservoir a baissé ou qu'il est pratiquement vide, priez de cette façon: "Seigneur Jésus, j'ai tant souffert que j'ai relevé le pont-levis, mais je te demande de toucher ma vie avec ton amour. Fais que je le ressente de façon si claire que cela me donne la force d'aller vers les autres dès aujourd'hui." Vous serez surpris du résultat. C'est la seule solution à un problème délicat.

Besoin n°2: avoir une bonne estime de soi-même et des autres

Une des lettres les plus tristes que j'aie reçues en plus de trente ans d'émissions radiophoniques me fut envoyée par une célibataire de 60 ans qui souffrait depuis toujours d'une mauvaise estime d'elle-même. Voici son histoire:

> A sa naissance, sa mère décida de ne pas l'élever, par choix ou par nécessité, on ne sait. Elle fut donc placée dès le premier jour dans un orphelinat. Enfant, elle prit douloureusement conscience du fait qu'elle n'était pas comme tout le monde. Régulièrement, elle voyait venir à l'orphelinat des couples qui désiraient adopter un enfant. A l'occasion de ces visites, les orphelins, vêtus de leurs plus belles tenues, étaient placés en rang d'oignons en face des couples (un peu comme les chiens d'un concours de beauté) et les futurs parents adoptifs

> faisaient alors leur choix. Régulièrement, cette petite fille était laissée pour compte.
> En grandissant, elle acquit la conviction suivante: "Si tu veux te faire adopter, tu as intérêt à être une gentille petite fille." A douze ans, enfin, ce fut le grand jour. Elle allait avoir un papa et une maman rien qu'à elle, mais elle avait déjà l'impression que sa nouvelle famille ne l'accepterait que dans la mesure où elle se montrerait toujours aussi gentille. Elle était en permanence hantée par cette pensée: "Tu ne seras jamais à la hauteur."
> Adolescente, elle fréquenta une Eglise et entendit parler de l'Evangile. Lors d'un appel, elle répondit avec enthousiasme et s'avança pour accepter le Seigneur comme Sauveur personnel. C'est ce soir-là que, de retour chez elle, elle pria à chaudes larmes que Dieu la fasse mourir. "Attendez, pensez-vous peut-être, n'était-elle pas heureuse de se savoir enfant de Dieu?!" Pas vraiment. Elle était tellement persuadée de ne jamais être assez bonne pour mériter l'amour de Dieu qu'elle le pria de la reprendre tout de suite, tant que son "casier" était vierge.

Elle concluait sa lettre en me demandant si Dieu est aussi chirurgien esthétique de l'âme, et s'il pourrait effacer les séquelles de son enfance.

Quel degré de perfection devons-nous manifester pour que Dieu nous accorde son amour?

En fait, nos qualités ou nos défauts n'ont rien à voir avec la réponse. Paul, dans sa lettre aux Ephésiens, a dit sans la moindre ambiguïté que l'amour de Dieu pour nous ne dépend pas de nos qualités, de ce que nous faisons ou non, mais se fonde sur l'œuvre de Jésus.

Quelle importance cela revêt-il quant à notre sentiment d'épanouissement personnel? Une importance immense. Notre compréhension de nous-mêmes est directement liée à ce que nous pensons de nous et d'autrui.

Joann était une belle jeune femme, affectée à une base de l'Armée de l'air américaine aux Philippines. Son père était un officier américain, et sa mère, de nationalité philippine, vivait à Angeles City, à proximité de la base. Quand elle fut conçue, ni le père ni la mère ne désiraient cette grossesse. L'homme qui mit sa mère enceinte finit par repartir en Amérique, non sans avoir laissé à la petite fille un souvenir indélébile. Elle se souvient comme si c'était hier du jour où il lui dit: "Tu ne vaux rien, le sang qui coule dans tes veines est mauvais!" J'ai travaillé plusieurs semaines avec cette jeune femme. Elle avait une personnalité charmante et se montrait une secrétaire très compétente, mais elle tenait à distance tout soupirant, parce qu'elle ne se trouvait jamais digne d'eux.

Un jeune enfant est-il malléable? Oui, extrêmement. En grandissant, les enfants ne comprennent pas toute l'importance qu'ils ont aux yeux de Dieu. Ils savent seulement qu'ils ne sont pas aussi intelligents que leur frère, leur sœur ou les enfants du voisin. Très rapidement, ils sont victimes des sarcasmes des autres enfants.

"Gros, aussi gros, peut-on encore passer la porte de la cuisine?" "Le train de vos insultes roule sur les rails de mon indifférence" est une des réponses classiques. C'est faux! On reçoit ces insultes de plein fouet. Quand on grandit sans être aimé, ne serait-ce que par une seule personne qui ferait toute la différence, on se bat avec une image de soi déplorable, et on se sent généralement inférieur à tout le monde. Cette personne qui fait la différence devrait être un parent, mais ce peut aussi être quelqu'un d'autre: une tante, un oncle, un enseignant, un ami ou un pasteur.

Marlon Brando, acteur connu pour incarner des personnages durs et violents à l'écran, raconte qu'il fut élevé par une mère alcoolique qui ne lui accorda jamais un mot de félicitations. Dans son autobiographie, il explique cependant qu'il se trouva quelqu'un, le seul, qui fit pour lui la différence: son professeur d'atelier. Ces deux ans passés au lycée technique en Californie lui permirent d'acquérir une image différente de lui-même. C'est là que le jeune Brando rencontra feu Burton Rowley, qui lui fit sentir qu'il était important pour quelqu'un. Cela l'aida à avoir confiance en lui-même et, pour la première fois, il se dit qu'il avait un avenir. Brando écrit: "Ses paroles d'encouragement me portent encore à ce jour."

Pendant que je faisais une partie de golf avec un ami, j'eus l'occasion de vérifier à nouveau combien sont importantes les paroles que nous prononçons. Comme je consacre beaucoup plus de temps à mon travail qu'à ce sport, mon jeu n'est pas vraiment professionnel. Ce jour-là donc, je ratai si bien mon coup que la balle s'envola en direction d'une luxueuse maison bâtie à proximité du terrain. Le bruit qui s'ensuivit fut si sonore que je crus que ma balle avait cassé une vitre. C'est alors que je vis arriver un homme qui faisait de grands gestes et hurlait à notre intention.

– Je te parie que je viens de casser une de ses vitres. Allons voir de quoi il retourne, dis-je à mon partenaire de jeu.

– Pas du tout, me répondit le propriétaire, très fâché. Vous ne m'avez pas cassé une vitre, votre balle a tapé sur mon toit.

– Cela vous a-t-il occasionné des dommages? m'enquis-je.

– Aucun, dit-il. Vous voulez que je vous dise, vous êtes nul au golf!

Tant de perspicacité combla ma journée. J'étais bien conscient que mon jeu n'avait rien de remarquable, mais je joue si rarement que je m'en contentais, faute de mieux. Je choisis d'en sourire. "Vous êtes nul au golf." Je me demandais si cet homme avait les mêmes réactions avec sa famille et ses enfants.

Louis Zamperini pense qu'une seule personne suffit pour faire toute la différence dans la vie d'un adolescent perturbé. Il sait de quoi il parle: il est passé par là. Ses compétences en course à pied, il les a acquises d'une façon toute pratique, chaque fois que, pendant sa jeunesse, il lui fallait creuser la distance entre lui et la police de Torrance en Californie! C'est ainsi que Zamperini finit par gagner une médaille d'or olympique dans cette discipline. Pendant la Deuxième Guerre mondiale, l'avion qu'il pilotait fut abattu. Il passa cinquante-deux jours sur un radeau de fortune en plein Pacifique, fut repêché par les Japonais et enfermé dans un camp de prisonniers de guerre. Lorsqu'ils apprirent qu'il avait en son temps gagné des médailles olympiques, les Japonais le forcèrent à se mesurer avec tout ce que le pays comptait d'athlètes, pour le tourner en ridicule.

Après la guerre, Zamperini s'employa auprès des délinquants juvéniles, les petits durs de la rue. Il était convaincu que tout enfant a besoin de quelqu'un qui croit en lui, mais aussi que les jeunes s'arrangeront toujours pour se procurer des émotions fortes, de quelque façon que ce soit, légale ou non, comme lui-même auparavant. Il emmenait donc des jeunes à la montagne et les initiait à l'escalade. Il s'aperçut alors que ces petits voyous se changeaient en chiots apeurés quand venait le moment de descendre une paroi en rappel. Zamperini leur disait: "Ecoute, tu en es capable, je le sais, et si tu ne te décides pas à y aller, je te pousse." C'est étonnant comme ils apprenaient vite...

Une seule personne peut-elle donc avoir tant d'influence? Le Dr Glasser écrit ceci:

> Nous devons nous intéresser aux autres, au moins à une personne, mais si possible à plus qu'une. Il est indispensable qu'à chaque moment de notre vie nous ayons quelqu'un qui nous aime et que nous puissions aimer. Sans cela, impossible de répondre à nos besoins émotionnels fondamentaux...
> L'une des caractéristiques essentielles de la personne concernée? Elle doit elle-même avoir les deux pieds sur

terre et savoir répondre à ses propres besoins dans la vie.[2]

La grande expérience de Glasser auprès des jeunes lui a fait découvrir qu'à la racine de bien des vies perturbées figure l'absence de quelqu'un qui aurait pu dire à l'enfant: "Tu vas y arriver; j'ai foi en toi!" Bon nombre de jeunes de nos jours trouvent au sein d'un gang l'identité qui leur manque tant chez eux.

Si vous avez des difficultés de ce type, voici quelques remarques.

Vous avez le droit d'avoir confiance en vous

Quand on finit par comprendre qu'on est une personne unique, créée à l'image de Dieu, on se libère de deux névroses qui hantent ceux qui n'ont pas pris conscience de leur importance aux yeux de Dieu: les complexes d'infériorité et de supériorité, qui ne sont que deux manières opposées de compenser un sentiment d'impuissance. Dans les milieux chrétiens, on a publié récemment quantité d'ouvrages qui dénigrent la prise de conscience du caractère unique de chaque personne. Ces auteurs disent qu'avoir confiance en soi est un signe d'orgueil ou d'ego surdimensionné, et ils prétendent que nous devons nous considérer comme insignifiants.

La logique la plus élémentaire démontre pourtant que si on prend un vase d'argile dont la valeur marchande avoisine zéro et qu'on le remplisse de diamants et d'émeraudes, la valeur nette de l'ensemble atteint des sommets. Tout ce que dit la Bible, c'est que, lorsque nous devenons chrétiens, Jésus vient vivre en nous. Paul écrit: "Nous portons ces trésors dans des vases de terre, afin que cette grande puissance soit attribuée à Dieu, et non pas à nous" (2 Corinthiens 4:7).

2. William Glasser, *Reality Therapy* (New York: Harper & Row, 1965), p. 7.

Souvenons-nous que Jésus nous a dit d'aimer les autres comme nous-mêmes et qu'il n'a jamais insinué qu'il serait mal de reconnaître notre valeur personnelle aux yeux de Dieu.

Qui a dit que vous étiez inférieur? Pas Dieu. Il vous considère au contraire comme une personne dotée de talents et de dons uniques. Eleanor Roosevelt avait plus d'une difficulté dans sa vie personnelle, notamment le fait de savoir que son mari partageait son affection avec une autre femme. Elle affirmait malgré tout que personne ne peut nous donner un sentiment d'insécurité, à moins de se prêter soi-même à ce petit jeu. Elle avait raison.

Célibat ne rime pas avec incompétence

"Ma fille a presque trente ans. Pourriez-vous la recevoir pour comprendre ce qui cloche chez elle? Elle n'a pas encore réussi à trouver chaussure à son pied."

Vous ne me croirez peut-être pas, mais il existe encore de nos jours des parents pour faire ce genre de requête. Dans la plupart des cas, je constate que la jeune fille en question est diplômée de l'université, possède un bon emploi, et que tous les prétendants qui l'ennuient de leurs assiduités maladroites ne lui arrivent pas à la cheville. Faire pression sur elle pour qu'elle convole en justes noces serait déjà humiliant, mais serait aussi lui faire subir une criante injustice.

Les gens comprendront-ils un jour que le célibat n'est pas un signe de déficience? John Fischer et Lia Fuller O'Neill évoquent le dilemme auquel sont confrontés bien des célibataires:

> Je ne cesse de ressentir l'impression diffuse qu'il me manque quelque chose, comme si ma vie était en suspens. De même qu'un avion qui tourne et tourne au-dessus de l'aéroport en attendant son tour de se poser, je reste "en stand-by", sans trouver où poser enfin les

> pieds et commencer à vivre. Cette idée m'empêche de vivre ma vie "ici et maintenant" et de devenir ce que Dieu a prévu pour moi. Cela peut prendre des formes très subtiles. Je m'en rends compte à la façon dont je range ma chambre. Je ne peux m'empêcher de penser: "Quand..." "Quand je serai propriétaire de mon logement..." ou: "Quand j'aurai quelqu'un dans ma vie..." alors et alors seulement, je pourrai faire ceci ou cela.[3]

La société contribue à donner ce sentiment d'inadéquation aux célibataires par le fait qu'elle organise tout en fonction des couples. C'est compréhensible, dans une certaine mesure. Comme la famille est à la base de notre structure sociale, les parents, qui forment un couple, trouvent très pratique d'inviter d'autres couples à dîner, à leurs fêtes et pour des activités diverses. Serait-ce que les célibataires ne font pas partie de la famille? Est-il normal de les exclure comme un élément superflu, la cinquième roue du carrosse, une sorte de bizarrerie honteuse? Certainement pas! Nous vivons dans un monde de couples, certes, mais ce n'est pas une raison pour nous laisser influencer. Une personne mariée n'est pas plus complète qu'un célibataire. Le mariage ne transforme pas une femme en "vraie femme" d'un coup de baguette magique, et le fait d'avoir des rapports sexuels ne fait pas d'un homme un "homme véritable". La complétude résulte d'une compréhension de ses propres sentiments. Soyez convaincus qu'être complet ou incomplet est une façon de penser, pas une affaire d'état civil.

Votre valeur n'est pas dépréciée par vos besoins

Certaines personnes ont-elles "besoin" de se marier?

Evidemment! Seuls les amateurs de kayak qui pagaient d'une rame seulement pourraient s'imaginer le contraire.

3. John Fischer & Lia Fuller O'Neill, *Single Person's Identity* (Palo Alto, CA: Discover Publishing, 1973), pp. 1-2.

C'est pour cela que Paul recommandait aux Corinthiens de se marier. Le célibat n'est pas plus la panacée universelle que le mariage. Si vous faites partie de ceux qui ont besoin d'un compagnon et que vous attendez l'heure de Dieu pour qu'il vous en donne un, sachez que votre valeur personnelle n'est pas dépréciée ou diminuée par ce besoin.

Cependant, si ce besoin réel n'est pas satisfait, vous risquez, parfois inconsciemment, de vous lancer dans des relations qui vous donneront la trompeuse impression d'y répondre. Vous n'en retirerez en fait que de la frustration.

C'était le cas de Thérèse. Elle avait grandi dans un foyer où sa mère, célibataire très souvent absente de chez elle, ne pouvait lui accorder beaucoup d'attention. Elle fut donc très flattée des attentions que lui prodiguait Marc, 26 ans, alors qu'elle n'en avait que 17. Ils travaillaient dans la même usine, et lorsque Marc prit l'habitude de la raccompagner chez elle le soir, elle sentit que cela lui faisait de l'effet. Elle éprouvait une chaleur et un sentiment d'intimité comme jamais auparavant. C'était tout nouveau et très excitant. Rien de sexuel, selon elle. "Grâce à Marc, je me sentais importante, expliqua-t-elle, ce que personne n'avait fait pour moi avant lui."

Leur relation s'intensifia et il se mit à désirer des contacts physiques plus concrets que leurs promenades main dans la main. Pas elle. Mais elle ne tenait pas non plus à perdre le bénéfice de ses attentions: tout en sachant pertinemment que c'était en violation de ce qu'elle savait être bien ou mal, elle céda à ses avances, en justifiant son attitude par un: "Puisqu'il m'aime, pourquoi pas?" Elle est venue me dire aujourd'hui qu'elle est enceinte de lui et qu'il a bien l'intention de l'épouser mais que pour le moment il l'aime trop pour penser déjà au mariage. J'avoue qu'il y a dans ce prétexte quelque chose qui m'échappe!

Donner naissance à un enfant procure à certaines jeunes filles un sentiment de valeur personnelle. "Regardez, n'est-il pas craquant? Et c'est *mon* bébé!" Si en outre c'est une jeune fille qui n'a jamais pu terminer ses études au lycée et qu'elle accouche à 18 ans, le bébé représente sa première réussite. Ce qui nous amène à l'observation suivante.

Ne confondez pas désir d'une chaleureuse relation d'amour et sexualité

Stéphanie Brandon explique: "Quand un célibataire accepte de coucher avec un partenaire occasionnel, c'est bien moins pour assouvir un désir charnel que pour répondre au besoin tout naturel qu'a l'être humain de contacts physiques."

A l'heure où je rédige cette partie du livre, celle qui est ma femme depuis 35 ans n'est pas avec moi, temporairement du moins. Elle sera de retour dans une quinzaine car en ce moment elle est chez notre fille, qui vient de nous gratifier de notre quatrième petit-fils. Ce qui me manque le plus, c'est sa compagnie, le doux contact de sa main, le sentiment de sa présence, et le fait que, quoi que je lui dise, elle m'acceptera et m'aimera tel que je suis. C'est cela, le cœur d'une relation. Faut-il nécessairement se marier pour vivre ce genre de relations?

Avant de répondre, permettez-moi d'évoquer ce que vécut Elisabeth Elliot lors de sa visite à la Dohnavur Fellowship (association caritative) au Sud de l'Inde. Elle y faisait des recherches en vue d'écrire un livre au sujet d'Amy Carmichael, et elle fit la connaissance d'une femme remarquable, engagée auprès des handicapés mentaux de cette institution. Elle-même était gravement handicapée par la perte d'un œil. Membre du personnel soignant, elle déclarait: "Je n'ai pas de formation professionnelle. C'est le Saint-Esprit qui me donne la sagesse nécessaire jour après jour. Certains de mes patients se comportent comme des bêtes sauvages, mais j'ai un assistant, c'est le Seigneur lui-même. Bien que je ne voie que d'un seul côté, il m'a aidée dans ma faiblesse."

Elisabeth Elliot lui demanda comment lui était venue cette vocation. Pungaja lui expliqua qu'un jour où la vie lui pesait de façon presque intolérable, elle demanda à voir Amy Carmichael, que les Indiens ont surnommée affectueusement "Amma". Elle dit: "Lorsqu'elle m'a prise dans ses bras, j'ai senti s'envoler tous mes soucis!" Nombre d'Indiens ont suivi la même voie, et ces hommes et ces femmes au service de leur prochain témoignent puissamment en faveur de la vie d'Amy Carmichael.

"Quand elle m'a prise dans ses bras, tous mes soucis se sont envolés!" Comment donc s'étonner que ceux qui souffrent et les oubliés de ce monde redemandent cette qualité d'amour? Vous êtes-vous seulement rendu compte que vous avez le pouvoir de changer la vie de quelqu'un en le touchant par votre amour? Autour de vous, ceux qui languissent de recevoir cet amour sont légion. Présentez-vous donc à l'hôpital de votre ville comme bénévole. Allez dans une maison de retraite; demandez au service social la liste des personnes qui n'ont plus de famille et proposez de leur rendre des visites régulières. Il suffit d'ouvrir les yeux pour voir combien nos contemporains ont besoin de cette sorte d'amour.

Si une seule personne croit en vous, cela suffit à faire toute la différence!

Les chercheurs en médecine ont récemment apporté la preuve que toucher une personne peut contribuer à sa guérison. Karl Menninger, le psychiatre célèbre mentionné plus haut, a démontré que les handicapés mentaux faisaient de plus grands progrès si on établissait des contacts physiques entre eux et leurs thérapeutes. Un article paru dans une revue spécialisée de médecine affirme que les victimes d'un infarctus se rétablissent beaucoup plus rapidement si un être cher est là pour leur tenir la main. On a aussi la preuve que les victimes de paralysie cérébrale parviennent à se mouvoir plus normalement suite à des stimulations sensorielles.

Personne ne reste indifférent à un contact physique plein d'amour. Une conseillère familiale est convaincue que la plupart des grossesses non désirées chez les adolescentes pourraient être évitées si les pères serraient leur fille dans leurs bras une fois par jour. "Embrassez-vous trois fois par jour", voilà l'ordonnance la plus efficace pour se maintenir en bonne santé mentale.

Pour inciter les abonnés à passer des appels nationaux et internationaux, la publicité d'une société de téléphonie diffusait le slogan suivant: "Toucher quelqu'un à un moment difficile, c'est simple comme un coup de fil." Un chrétien n'aurait pas dit mieux. Mettez votre christianisme en pratique! Par amour, osez! Aidez quelqu'un et touchez-le, n'attendez pas demain.

Besoin n° 3: acquérir une assurance fondée sur votre relation avec Dieu

"Je suis chrétien depuis plus de quatre ans, et connaître Jésus m'a permis non seulement d'accepter mon célibat, mais de m'en réjouir." Bill

Saint Augustin, l'un des pères de l'Eglise et éminent défenseur de la foi, vécut toute sa jeunesse un célibat des plus débridés. Voici ce qu'il écrivit il y a plusieurs siècles: "Tu nous as créés pour toi, ô Dieu, et notre âme est agitée tant qu'elle n'a pas trouvé en toi son repos." Vous êtes-vous seulement demandé pourquoi, quand on décide de passer sa vie ensemble, on organise une célébration de mariage? Pourquoi ne pas se contenter de partager le même appartement, comme tant d'autres?

Le mariage implique infiniment plus qu'une vie sexuelle. Les animaux se font la cour, s'accouplent et élèvent leurs petits, mais nous avons été créés à l'image de Dieu et dotés d'une âme. Quand deux êtres s'engagent l'un envers l'autre en se mariant, ils affirment, entre autres, que nous sommes de nature spirituelle.

Quand nous nous engageons concrètement avec le Seigneur et que nous établissons avec lui la sorte de relation qui nous fait prendre au sérieux ce qu'il dit dans sa Parole et vivre pour lui, nous recevons une force, semblable à celle d'un gyroscope, qui nous permet de garder le cap au milieu des pires tempêtes.

"Il y a dans le cœur de l'homme un vide qui a la forme de Dieu." Je ne parle pas ici de connaissance intellectuelle mais d'un "cœur à cœur". Notre monde est imparfait, brisé, et les conséquences de tant d'imperfection ne vous seront pas toujours épargnées. Vous serez incompris; votre "meilleur ami" vous laissera tomber du jour au lendemain; vous éprouverez des déceptions que vous estimerez imméritées.

Quand on a compris, étant enfant de Dieu, que l'on est en relation avec lui, on sait qu'il y a quelqu'un auprès de qui répandre son âme, et vers qui se tourner quand les temps sont durs.

L'une des raisons de mon affection particulière pour les Psaumes, c'est que j'y perçois toute la palette des émotions humaines: amour, déception, haine, rejet, crainte, espoir, et bien d'autres sentiments encore. Cette magnifique compilation de chants présente de multiples variations du même thème: Dieu est un refuge, un abri où se protéger des tempêtes, un ami qui nous comprend lorsque les autres se détournent de nous.

Je n'oublierai jamais notre retour de la maternité avec notre bébé, notre premier. Ma femme Darlene avait failli mourir en couches, et après un séjour à l'hôpital d'environ une semaine, elle était toujours alitée. Vers 2 heures du matin, Bonnie, dont la vie était, elle aussi en danger, se mit à pleurer. Plus elle pleurait, plus nous étions désemparés. Deux heures plus tard, je me décidai à appeler la maternité. Après leur avoir expliqué que je me trouvais en situation désespérée, je sollicitai la permission de passer récupérer la bouteille de médicament que j'avais par inadvertance laissée dans la chambre. "Nous sommes désolés, nous ne pouvons rien pour vous. Appelez votre médecin traitant à partir de 8 heures."

Je me disais: "Je ne suis pas certain que ce bébé sera encore en vie à 8 heures, et je suis bien certain que moi, j'aurai rendu l'âme avant!" J'étais tout seul. J'ai alors pris le petit paquet dans mes bras et fait les cent pas dans la pièce. Cette nuit-là, j'ai commencé à apprendre mon métier de parent: dès que j'ai eu l'idée d'envelopper ma petite fille dans une couverture bien bordée et que je l'ai bercée dans mes bras, elle a été progressivement rassurée et a fini par se calmer.

Je constate le même manque d'assurance chez ceux qui sont loin du Père. Prenez Pierre, par exemple, le type même de l'homme sûr de lui. Plus il se trouvait loin de Jésus, plus il perdait sa belle assurance. Inversement, il la retrouvait en fonction de sa proximité avec Jésus. Dans votre imagination, voyez Pierre dans la cour de la maison de Caïphe, après l'arrestation de Jésus à Gethsémané. Il désirait se trouver près de Jésus, en dépit des dangers qu'il courait si on l'associait au prisonnier.

Voici ce que je trouve le plus désolant à notre époque: en matière de morale ou d'éthique dans les affaires, la grande majorité de ceux, mariés ou célibataires, qui confessent leur foi en Jésus-Christ ne se comportent guère différemment d'un incroyant. Ce dernier est insensible aux réalités spirituelles, alors qu'ils sont, eux, supposés y être sensibles et qu'ils se rendent régulièrement à l'église. Des études montrent que les célibataires qui se disent chrétiens ont une vie sexuelle aussi active que les autres. Des couples me disent: "Nous vivons ensemble", et quand au cours de l'entretien je leur demande s'ils ont une relation avec Jésus-Christ, ils s'empressent de me répondre avec candeur: "Oh! oui, nous sommes chrétiens!"

Quand les disciples faisaient en leur temps preuve d'incohérence, Jésus s'irritait: "Pourquoi m'appelez-vous

Seigneur, Seigneur! et ne faites-vous pas ce que je dis?" (Luc 6:46). Depuis des siècles, faire l'amour avec quelqu'un, même dans le contexte d'une "relation amoureuse", est un péché dès que c'est en dehors du mariage. Quand la Samaritaine rencontra Jésus au puits de Sychar, il lui dit qu'elle avait eu cinq maris et qu'elle n'était à ce jour pas mariée, mais vivait en concubinage. Aux yeux de Jésus, cette relation de fait ne pouvait remplacer le mariage. En Apocalypse 21:8, Jean établit la liste des vices méprisables de ceux qui passeront leur éternité dans un "étang de feu et de soufre", et il y inclut "l'immoralité sexuelle". Voilà qui donne à réfléchir.

Dieu pardonne le péché, me dira-t-on. C'est vrai, mais cela n'a rien à voir. Ce que j'essaie de dire, c'est que nous avons besoin d'établir avec Dieu une relation vivante et profonde, qui n'est possible qu'en s'efforçant de vivre selon sa volonté, sans vouloir être parfait, comprenez-moi bien. Je prêche seulement pour un engagement qui implique de renoncer à un style de vie certes à la mode, mais qui s'oppose à la volonté de notre Père céleste. C'est alors que notre foi s'en trouvera si vibrante qu'elle deviendra une ancre spirituelle et psychologique qui fera toute la différence.

De tels besoins peuvent-ils être satisfaits dans le cadre du célibat?

Vous souvenez-vous des paroles de Paul que nous évoquions au chapitre 2?

> Je sais vivre dans l'humiliation et je sais vivre dans l'abondance. En tout et partout j'ai appris à être rassasié et à avoir faim, à être dans l'abondance et à être dans la disette. Je puis tout par celui qui me fortifie. (Philippiens 4:12-13)

L'humour de Dieu aurait été bien cynique si, comme le suggèrent certains, il nous avait créés de telle sorte que nos désirs sexuels nous laissent totalement frustrés. Or, il nous a donné les moyens de vaincre la tentation, de répondre à nos besoins émotionnels et de trouver notre épanouissement. Ces besoins peuvent être satisfaits par l'amitié d'un ami, d'un compagnon ou par l'amour de la personne qu'on épouse. Mais pour cela nous devons lui faire confiance.

4

La force des décision positives

"Une difficulté ressemble à l'obstacle d'une course de haies. Elancez-vous vers elle, faites passer votre cœur au-dessus d'elle... et le cheval suivra le mouvement."

Anonyme

Une de mes connaissances était commandant d'un navire au cours de la Deuxième Guerre mondiale. Quand le bateau fut touché par une torpille et se mit à couler, l'opérateur radio envoya sans tarder des S.O.S.: "Nous sommes en train de sombrer, demandons votre aide immédiate!"

Le navire le plus proche était lui aussi engagé dans le combat et ils reçurent cette réponse: "Impossible de vous porter secours pour l'instant."

On envoya donc un deuxième message: "Nous sombrons, aide immédiate requise!"

Nouvelle réponse négative: "Nous n'y pouvons rien, faites pour le mieux!"

Les marins se mirent alors avec l'énergie du désespoir à écoper l'eau et à colmater les brèches. Quelques minutes plus tard, le commandant envoya un nouveau message: "Avons décidé de ne plus sombrer!"

Une telle force morale m'attire en ces temps où je constate tellement de pensées négatives.

- J'en veux à Dieu, il ne m'a pas donné de mari.
- Je ne sais que faire, toutes les filles que j'invite à sortir avec moi pensent que je veux les épouser.

Il peut arriver que le mariage ou le célibat ne corresponde pas à un choix. Certains seraient prêts à tout pour se marier, mais personne ne les prend au sérieux. Il n'en reste pas moins que vous avez le choix de votre réaction, c'est une décision à prendre. Nombre de célibataires nourrissent des sentiments négatifs à l'égard de Dieu parce qu'il ne leur a envoyé personne à leur convenance. Ils en ressentent de la colère envers lui.

Dieu aurait-il une dette envers vous? Vous doit-il un mari doté d'un bon salaire, au volant d'une belle limousine et dont la fascinante personnalité est appréciée de tous ses collègues? Vous doit-il de trouver la créature de rêve à la personnalité charmante, dotée de beaux yeux et d'un amour immodéré pour les enfants? N'est-il pas étrange que nous nous laissions aller à conclure que Dieu nous a laissé tomber si nos rêves et nos espoirs ne se concrétisent pas exactement comme nous le souhaiterions? "J'ai demandé à Dieu un mari, me disait une jeune femme, et à la place j'ai reçu une couverture électrique."

Dieu a tant d'amour pour nous qu'il choisit parfois de nous protéger de nous-mêmes. Dans vingt ans, vous vous rendrez à la fête de votre promotion du lycée, et quand vous reverrez la jeune fille qui vous faisait fondre d'un regard vous penserez peut-être: "Seigneur, merci de m'avoir tellement aimé qu'elle n'a jamais prêté attention à moi." Attendre le moment de Dieu est l'un des exercices les plus ardus dans la vie. La plupart de nos erreurs ont pour origine notre impatience qui nous fait devancer les plans de Dieu.

Le bon moment, tout est là!

En attendant, l'aide secourable de Dieu (que la Bible nomme la grâce) est à votre disposition. La façon dont vous réagissez aux circonstances ne dépend que de vous.

Vous pouvez décider que, cette semaine, la séance de délectation morose ne durera pas plus de:

- trente secondes
- trente minutes
- trente heures.

Ensuite, vous irez de l'avant. Tout célibataire doit faire face à quatre choix qui détermineront les décisions qui lui vaudront d'avoir l'âme en paix ou une vie d'agitation et de frustrations.

Choix n° 1: être amer ou lâcher prise

Ted Turner, homme d'affaires et entrepreneur bien connu, dit qu'il attend avec impatience d'aller en enfer "car, aime-t-il dire, c'est là qu'est ma place."[1] Cette remarque, qu'il se permit lors d'une réception dans une Eglise baptiste, eut le don de faire dresser sur leur tête les boucles argentées des vieilles dames qui n'en avait pas entendu de pareille depuis bien longtemps. Comment Turner a-t-il pu devenir si amer à l'égard de Dieu?

Son monde s'est écroulé le jour de la mort de sa sœur. Ce fut la fin du couple que formaient ses parents. Son père finit par se suicider. C'est alors que Turner s'écria: "Pourquoi as-tu permis que tout cela m'arrive, Dieu?" Plein de colère, d'amertume et de douleur, il se détourna de Dieu.

Lorsque vous êtes confronté à la souffrance d'une déception – votre petit ami épouse finalement votre meilleure copine, votre petite amie se refuse à vous ou votre chien se fait écraser – deux options s'offrent à vous: soit votre déception vous précipite aux pieds du Seigneur et vous le suppliez de venir à votre secours, soit vous choisissez l'amertume, qui s'appliquera immédiatement à vous tuer.

1. *Orange County* [California] *Register*, 14 juin 1990, Sec. A, p. 2.

Tout tient à cette question: "Dieu est-il responsable de toutes les déconvenues de ma vie?" Pouvons-nous lui en vouloir des tempêtes qui jettent notre navire contre les récifs ou le blâmer de ce que le docteur ait diagnostiqué trop tardivement la maladie qui a emporté notre mère bien-aimée? L'accuserons-nous de négligence le jour où notre fiancée se tuera en voiture parce qu'un mécanicien aura mal boulonné l'axe de direction?

Dieu finit par devenir le souffre-douleur que nous rendons responsable de toutes nos défaites et déconvenues. Réfléchissez une seconde. Qu'arriverait-il si Dieu épargnait toute déception à ses enfants et si seuls ceux qui le rejettent enduraient le chagrin et la souffrance des déceptions? Les hommes se "convertiraient" à la pelle, mais seulement pour éviter de souffrir. Si Dieu épargnait tout problème à ses enfants, notre décision consciente de l'aimer n'aurait pas de sens, car nos motivations seraient loin d'être claires.

"Choisir". Voilà un mot qui figure à 59 reprises dans la Bible (selon les traductions). L'étude de ces références bibliques est surprenante: dans la grande majorité des cas, les auteurs rapportent des choix faits par Dieu. Ce qui n'empêche pas qu'un grand nombre de références concernent des choix effectués par les hommes. Moïse, par exemple, conduisit les enfants d'Israël aux abords de la terre promise et leur confia cette tâche:

> J'en prends aujourd'hui à témoin contre vous le ciel et la terre: j'ai mis devant toi la vie et la mort, la bénédiction et la malédiction. Choisis la vie, afin que tu vives, toi et ta postérité, pour aimer l'Eternel ton Dieu, pour obéir à sa voix, et pour t'attacher à lui...
> (Deutéronome 30:19-20)

La réponse à ce que vous n'aimez ou ne comprenez pas est un choix qui vous appartient: amertume ou louange. Josué, le successeur de Moïse, prit une décision quand il dit: "Moi et ma maison, nous servirons l'Eternel" (Josué 24:15)

Dans les paroles d'un Ted Turner qui choisit de rendre Dieu responsable des souffrances de sa vie, je perçois un mauvais remords. Cela me fait penser à un petit garçon en pleurs qui vient de se faire gronder par sa maman et qui lui lance: "Je te déteste!" sans comprendre ce qu'il dit. Turner serait plus honnête de dire: "Ce qui s'est passé ne me plaît pas du tout. Je n'y comprends rien et toute cette affaire me met hors de moi." Il devrait diriger son hostilité contre les pertes subies et non contre Dieu.

Dieu ne reste pas insensible à cette sorte de souffrance. Lorsqu'il dut affronter de cruelles déceptions, David s'écria: "Pourquoi t'abas-tu, mon âme, et gémis-tu au-dedans de moi? Espère en Dieu, car je le louerai encore; il est mon salut et mon Dieu" (Psaume 42:12).

Une jeune femme fut un jour mordue par un chien suspecté d'avoir la rage et fut emmenée de toute urgence à l'hôpital, où elle fut soignée. On la laissa dans une pièce contiguë pendant que les médecins cherchaient à savoir si le chien était porteur de la terrible maladie. Vous n'ignorez sans doute pas que le traitement de la rage est aussi douloureux que cher. Si l'on peut obtenir la certitude que l'animal n'est pas atteint, on évite à la victime bien des angoisses et des ennuis. L'interne de service expliqua à la dame la gravité de la situation et s'en alla vaquer à ses autres occupations.

En jetant un coup d'œil dans la pièce un peu plus tard, l'interne remarqua que la dame avait le regard vague et qu'elle marmonnait des paroles incompréhensibles, sans doute en état de choc suite au traumatisme qu'elle venait de subir. Il remarqua aussi qu'elle était en train d'écrire. Il pensa qu'elle était sans doute en train d'exprimer ses dernières volontés quant à son futur enterrement. "Cette affaire l'a vraiment perturbée", se dit-il. Il était tellement persuadé qu'elle prenait mal ce qui lui arrivait qu'il retourna dans la pièce pour la réconforter.

– Alors ma p'tite dame, on rédige déjà son testament? demanda le jeune docteur.

– Pas du tout, s'exclama-t-elle.

– Vos instructions pour les funérailles, peut-être?

Elle secoua de nouveau négativement la tête avant de lui dire: "Juste au cas où j'aurais effectivement la rage, je suis en train de me remémorer la liste des hommes que je me ferai un devoir de mordre avant de mourir."

Qu'une chose pareille puisse se produire réellement semble invraisemblable, mais ne souriez pas trop vite: tous les jours, les gens s'empoisonnent de leur haine et de leurs désirs de revanche. Prenez par exemple la lettre qu'une femme, pleine d'amertume à la suite de la mort d'un être cher, envoya à une amie. Elle se terminait sur ces mots: "Ma seule raison de vivre désormais sera de me venger."

Certains parlent du "goût exquis de la revanche", alors qu'en fait se venger n'apporte qu'amertume. Je connais des personnes qui ont porté pendant des années le fardeau de leur haine, à l'affût de la moindre occasion de prendre leur revanche sur leur ennemi. Les chrétiens eux-mêmes n'en sont pas exempts.

Il est naturel d'en vouloir à la personne qui vous a causé du tort; lui pardonner est surnaturel. Le Nouveau Testament met l'accent sur le pardon: "A moi la vengeance, à moi la rétribution, dit le Seigneur" (Romains 12:19). Le jour de sa crucifixion, loin de réclamer vengeance sur ses ennemis, Christ lança un cri: "Père, pardonne-leur car ils ne savent ce qu'ils font" (Luc 23:34).

Si jamais il fut un homme qui eut toutes les raisons de chercher à se venger, ce fut bien Joseph, vendu par ses frères en esclavage parce qu'ils étaient jaloux de l'amour que leur père lui portait. Loin de vivre dans l'attente de se venger, le jour où il eut devant lui ses frères venus lui demander de l'aide, il les bénit. C'est ce que nous lisons aux chapitres 37 à 50 de la Genèse. Joseph leur expliqua pourquoi il refusait de se venger: "Vous aviez médité de me faire du mal:

Dieu l'a changé en bien pour accomplir ce qui arrive aujourd'hui, pour sauver la vie à un peuple nombreux" (Genèse 50:20).

Pourquoi la vengeance est-elle une mauvaise solution? Dieu dit premièrement qu'à cause de nos propres défauts et faiblesses, nous n'avons pas le droit de tirer vengeance d'autrui. C'est lui qui réglera les comptes, il n'a pas besoin de notre aide. Deuxièmement, ne pas pardonner entrave la croissance spirituelle. Troisièmement, la haine et l'amertume sont des poisons violents dont les répercussions négatives affectent même le domaine physique. Celui dont le cœur est plein d'amertume est le véritable perdant.

Comment surmonter l'amertume quand elle prend des proportions déraisonnables? Suffit-il d'oublier? Cela ne marche pas aussi facilement. Il reste pourtant un moyen: la puissance de votre décision d'abandonner cette amertume et de la remettre au Seigneur. Vous pouvez dire par exemple: "Père céleste, je sais que j'ai tort de garder mon amertume. Elle me tue. Elle me prive de sommeil, je suis plein de colère et de haine. Je te remets cela, Père. Accepte de me la prendre et que ton amour remplisse mon cœur. Je m'en défais à cet instant."

Paul invite à amener toute pensée captive à l'obéissance de Jésus-Christ (cf. 2 Corinthiens 10:5). Cette démarche est à votre portée. Cela marche-t-il? Tout à fait!

Avant de passer à la section suivante, laissez-moi vous raconter l'histoire vraie qui est arrivée à un de mes amis, célibataire que j'aime et respecte toujours plus chaque jour. Pour préserver son anonymat et celui de toutes les personnes concernées, j'ai changé son nom, mais les faits n'en demeurent pas moins réels dans toute leur cruelle acuité.

Pendant la Deuxième Guerre mondiale, Guillaume était encore tout jeune, mais juste assez âgé pour se souvenir du jour où les Japonais sont venus arrêter son père et l'ont envoyé dans un camp, tandis que sa mère était accusée d'espionnage. L'accusation était loin d'être fondée: elle était venue en Chine comme missionnaire, avait épousé un homme d'affaires chinois et était restée en Chine de façon à pouvoir soutenir sa famille lorsque les forces communistes de Mao Tsê-Tung renversèrent le gouvernement.

A cause de sa foi chrétienne, cette mère fut placée avec ses enfants en résidence surveillée, et ils vécurent pendant de longues années comme des prisonniers dont les rations alimentaires dépassaient à peine le seuil de subsistance en temps de famine.

"Même si je dois en mourir, jura Guillaume, je poursuivrai les Japonais qui ont mis mon père en prison et je le vengerai." En grandissant, il comprit que la vengeance n'est pas conforme aux enseignements de Christ, et il finit par abandonner son idée de meurtre. Mais son amertume ne le quittait pas. Il connaissait le nom de l'homme qui avait fait emprisonner son père et savait même dans quelle ville il habitait. Il se dit: "Je peux me permettre au moins de faire ceci: je vais aller sur son lieu de travail et je vais le dénoncer publiquement comme criminel de guerre. Cela ruinera sa réputation et ainsi il paiera pour les souffrances et les humiliations qu'a endurées ma famille à cause de lui."

Le jour que Guillaume attendait depuis si longtemps se présenta enfin. Juste avant la visite officielle de Deng Xiaoping aux Etats-Unis, un certain nombre de Chinois furent autorisés à quitter le pays, en signe de bonne volonté de la part du gouvernement. Guillaume faisait partie du lot. Il se rendit sans tarder au Japon où il décida de se mettre en quête de l'homme qui avait causé la ruine de sa famille.

Il avait prévu de se rendre d'abord à Tokyo. On vint le chercher à l'aéroport, et un ami lui offrit l'hospitalité. Au cours des jours qui suivirent, Guillaume tomba sur un livre qui changea totalement l'ordre de ses rendez-vous. L'auteur était Corrie ten Boom, une femme dont il n'avait jamais entendu parler jusque-là. Ce qu'il lut toucha son cœur. Corrie y décrit comment elle fut emmenée loin de chez elle pour échouer au camp de concentration de Ravensbruck. Elle raconte comment Dieu l'a finalement délivrée, et comment elle est retournée en Allemagne, porteuse du message que le pardon seul peut vaincre l'amertume et le désir de vengeance. Corrie écrit qu'un jour où elle venait de s'adresser à un groupe, elle se trouva devant l'un des gardes S.S. qui l'avait retenue dans la prison où elle s'attendait chaque jour à mourir. Celui-ci lui tendit la main en disant qu'il était lui aussi devenu chrétien et que Dieu lui avait pardonné. "Pardonnez-moi, Fräulein", s'écria-t-il, la main tendue.

Alors qu'il lisait l'histoire de Corrie, et de ce jour particulier où Dieu toucha son cœur pour qu'elle aussi accepte de pardonner, Dieu parla au cœur de Guillaume. Il lui reprocha de conserver une attitude qu'il savait mauvaise, et Guillaume sentit se dissoudre sa haine et son amertume. Il n'était plus question de remplir sa mission de représailles.

Une pensée pour terminer. L'amertume ne va pas nécessairement vous faire traverser continents et océans, mais elle peut ruiner totalement votre vie spirituelle. Dieu peut venir à votre rencontre, tout comme il l'a fait pour Corrie ten Boom et l'ami dont je viens de parler. L'amertume vous tuera. "Père, dit Jésus, pardonne-leur." C'est ce qu'il nous reste à faire à notre tour.

Choix n° 2: rester pur ou tenter sa chance

Dans la version cinématographique du roman de Tom Clancey *Clear and Present Danger*, une des scènes évoque la manière dont Jack Ryan, le héros du film, s'élève courageusement contre les politiques expéditives. Confronté à un antagoniste furieux contre lui, Ryan maintient ses positions et continue de défendre ce qui lui semble juste et bon. C'est alors que son adversaire, Ritter, lui jette: "Jack, tu n'es qu'un boy-scout!" Ryan tourne les talons et s'en va, tandis que Ritter le poursuit de ces mots enflammés de colère: "Pas noir et blanc, mais gris! Le monde est gris, Jack!"

Est-ce vrai? Le monde est-il effectivement devenu gris, et les lignes de démarcation entre le bien et le mal, le blanc et le noir, le moral et l'immoral ont-elles disparu? Sommes-nous les arbitres ultimes en la matière, ou existe-t-il toujours une morale pour définir le bien et le mal, dictée voici bien longtemps par le Dieu du ciel qui a envoyé son Fils nous servir de guide dans la jungle morale d'aujourd'hui?

Peu avant sa mort, l'historien Arnold Toynbee disait: "Ceux d'entre nous qui vont ouvrir la porte du 21e siècle appartiennent à une génération comme l'humanité n'en a encore jamais connu. Nous sommes en effet la première à essayer de bâtir une société dépourvue de toute référence morale."

Cela fait froid dans le dos, ne trouvez-vous pas?

L'une des conséquences de la complexité de la vie actuelle, c'est que des décisions que nous n'avons pas demandé à prendre – et aurions préféré ne jamais avoir à prendre – nous sont imposées, mais, compte tenu du climat moral actuel, il nous faut trancher d'un côté ou de l'autre.

Nos choix sont souvent déterminés par nos désirs, qui sont eux-mêmes le reflet de notre personnalité profonde. C'est à l'occasion de tels choix, si difficiles, que nous nous retrouvons, en tant que croyants, à chercher quel chemin prendre, mais nous nous demandons rarement si Dieu pourrait avoir à notre égard une volonté qui aille à l'encontre de nos instincts primaires et de la pression sociale de nos semblables.

Dans son livre *Alliance Witness* (devenu *Alliance Life*) Craig Ellison écrit: "Trop d'individus, parmi ceux qui prétendent faire partie du peuple de Dieu, agissent dans la vie comme des athées. Ils prennent nombre de décisions sans même considérer le point de vue de Dieu. Nous sommes devenus conformes à notre culture au lieu d'être ceux qui la façonnent."

Au moment de prendre une décision, des centaines de chrétiens – vous aussi peut-être – n'ont aucune idée de la direction voulue par Dieu. Il ne leur viendrait pas à l'idée de s'opposer directement à sa volonté. Ils l'ignorent tout simplement (et parfois cela les arrange bien). Il est un point sur lequel la Bible ne laisse aucun doute: Dieu exige la pureté sexuelle. Voici ce que Paul en dit: "Ce que Dieu veut, c'est votre sanctification; c'est que vous vous absteniez de la débauche" (1 Thessaloniciens 4:3).

Je suis passé par la révolution sexuelle des années 1960 où le message de la société se résumait ainsi: "Tant que vous êtes tous les deux d'accord, allez-y, faites l'amour, c'est votre affaire." Les mœurs sexuelles ont alors changé. Puis vinrent les années 1970 et 1980, où les gens – les femmes surtout – se rendirent compte que la sexualité ne se limite pas à des rapports physiques. Cela implique votre être tout entier – émotions, regard sur la vie, souvenirs, votre âme même.

Progressivement, on en est venu à comprendre qu'il manquait à ce type de relations un élément vital: l'engagement. Comme l'écrit Rick Steadman: "La révolution sexuelle a promis bonheur, liberté, intimité, mais elle a accouché en fait de la dévalorisation progressive de tout sens de valeur personnelle ou sexuelle parmi les adultes célibataires – et aussi parmi les couples qui avaient opté pour une attitude permissive avant le mariage."[2]

Je me suis récemment astreint à faire le tour de tout ce qui a pu être écrit sur le célibat, et j'ai remarqué qu'en grande majorité, la littérature profane sur le sujet présume (alors qu'il n'est rien de plus faux en réalité) que tout célibataire mène une vie sexuelle active ou s'efforce de trouver le partenaire sexuel pour y parvenir. Certains cependant, plus réalistes, admettent que la révolution sexuelle n'a pas eu que des effets positifs. Bien plus que la crainte d'une grossess non désirée ou la peur de contracter le SIDA, la raison pour laquelle certains célibataires reviennent vers l'abstinence tient

2. Rick Steadman, *Pure Joy* (Chicago: Moody Press, 1993), p. 39.

surtout à ce qu'ils ont pris conscience du fait que des rapports sexuels sans lendemain ne répondent pas à leurs besoins émotionnels profonds. Les femmes sont les plus grandes perdantes car, à la différence de ce qui se passe pour leurs partenaires masculins, leur satisfaction sexuelle ne se contente pas d'un simple orgasme physique mais doit correspondre à leur perspective globale sur la vie.

D'autres encore, dont Carolyn See, journaliste au Cosmopolitan, se posent les vraies questions. Dans un article elle écrit: "On est censé trouver du plaisir et un défoulement en faisant l'amour. Pourtant, combien de vos nombreux partenaires vous ont-ils laissée autrement qu'insatisfaite et frustrée? Comment expliquer sinon que tant de jeunes femmes se jurent de ne plus jamais goûter aux 'joies' de la 'satisfaction rapide' du sexe?" Elle fournit elle-même sa réponse à sa propre question:

> Cependant, bien que ce soit là un choix difficile, après presque deux décennies de permissivité sexuelle (quelle horrible expression: on demande la permission d'aller aux toilettes quand on est à l'école, comment peut-on employer le même mot quand il s'agit d'aller au lit avec ces chers messieurs!), de plus en plus de jeunes femmes optent pour la nouvelle chasteté... "Qu'est-ce que c'est que toute cette histoire de nouvelle chasteté? s'exclame une belle animatrice de foire commerciale, mariée jadis avec un danseur de claquettes, je n'ai pas encore fini d'explorer toutes les possibilités de l'ancienne!" Gardez-vous pour l'homme que vous aimerez ou, du moins, qui fera bondir votre cœur. Sinon, c'est purement physique, tout juste bon à faire du porno.

3. Carolyn See, "The New Chastity", *Cosmopolitan*, novembre 1985, p. 83.

La grande expérience a fait long feu

Ce qu'hommes et femmes espèrent retirer de leurs relations avec l'autre sexe est radicalement différent. Les femmes recherchent l'intimité, les hommes un moment de plaisir. Quand les deux partenaires veulent faire du troc (c'est-à-dire pour les hommes accepter une certaine dose de vulnérabilité dans la mesure où ils n'en feront que mieux l'amour, et pour les femmes donner leur corps en espérant un peu d'intimité), ni l'un ni l'autre ne pourra trouver de réelles satisfactions en dehors de l'engagement que le mariage implique.

Pourquoi la grande expérience de la banalisation de la sexualité a-t-elle si lamentablement échoué? Mary Ann Mayo prétend que les célibataires confondent sexe et intimité. "Peu de ceux qui recherchent l'intimité à travers la sexualité relient leur sentiment de vide et leurs problèmes et complications de santé à leur source: une sexualité dépourvue d'engagement."[4] Les relations sexuelles sans engagement ont ceci de commun avec les friandises qu'elles ont bon goût mais n'apportent rien de bon: elles ne peuvent satisfaire vos véritables besoins.

Shirley Zussman, sexologue, confirme que ses patient(e)s se plaignent souvent de l'insignifiance du sexe sans engagement. "Se dire qu'on n'est guère mieux qu'un des produits disponibles sur le marché de la viande fraîche a des répercussions catastrophiques en termes d'estime de soi. On assiste actuellement au retour de manivelle du "sexe sans faire d'histoires" prôné par la révolution sexuelle: on n'en retire que des craintes; crainte de se retrouver seul(e) autant que de s'ouvrir à une intimité profonde."[5]

Un article décrivant les dangers des relations sexuelles sans engagement cite une jeune femme d'une trentaine d'an-

4. Mary Ann Mayo, dans son livre *A Christian Guide to Sexual Counseling*, citée par Carolyn Koons et Michael Anthony dans *Single Adult Passages* (Grand Rapids, MI: Baker Book House, 1991), p. 137.
5. "The Revolution Is Over", *Time*, 9 avril 1984, p. 78.

nées, cadre d'une agence publicitaire. Ce qu'elle dit illustre bien les inquiétudes des femmes:

> Il m'arrive parfois, juste avant de faire monter un garçon dans mon appartement pour prendre un verre, de le regarder en me disant: "Ce type vaut-il la peine que je passe deux semaines en larmes et sous aspirine?" La plupart du temps, la réponse est non. Voilà pourquoi je recherche quelqu'un avec qui faire ma vie et cesser enfin de me poser cette affreuse question.[6]

C'est aussi l'avis du psychiatre Henry Abraham. "Nous sommes actuellement à la recherche d'un équilibre. On a enfin pris conscience que faire l'amour entre deux portes ne peut se substituer à l'amour authentique et à l'engagement qu'il implique... Il faut bien admettre que faire des galipettes dans le foin ne fait pas fonctionner une relation sexuelle."[7]

Dans les années 1980, de jeunes célibataires ont été très nombreux à trouver quelqu'un avec qui s'installer, mais comme il manquait l'engagement du mariage, cela n'a pas duré bien longtemps. Sur 100 couples qui vivent en concubinage, 60 se seront séparés avant d'avoir envisagé de se marier. Sur les 40 restants, à peine 18 de ceux qui se passeront la bague au doigt parviendront à établir une relation durable. C'est une proportion bien inférieure à la norme.

Quelle importance l'engagement revêt-il dans une relation? C'est le ciment qui permet à cette relation de tenir dans la durée. Cependant, comment peut-on parler d'engagement en dehors de l'engagement du mariage, un acte public? Combien de temps durera ce soi-disant engagement?

- Tant que chacun s'acquittera de la moitié du loyer et des dépenses alimentaires?
- Tant que nous serons d'accord?

6. "Sex with Care", *U.S. News and World Report*, juin 1986, p. 53.
7. *Ibid.*

- Tant que je ne trouverai personne de plus beau que l'autre?
- Tant que l'autre pourvoira à mon entretien?
- Tant que...?

Sans le lien du mariage, deux personnes ne peuvent se sentir profondément en paix. Aucune ne baisse vraiment la garde. Chacun joue un rôle. Ainsi, les ajustements nécessaires, après le mariage, en matière de sexualité sont plus grands pour ceux qui ont vécu ensemble auparavant. Pourquoi donc? Avant le mariage, elle se dit: "Si je ne lui accorde pas ce qu'il veut, il risque de me laisser tomber, et je ne supporterais pas qu'il me rejette, ni le chagrin de me faire plaquer." Et lui: "J'ai intérêt à me montrer à la hauteur, sinon elle pourrait me refuser ce que j'attends d'elle."

Ils décident ensuite de se marier. Finis les faux-semblants. Ce qui avait auparavant le goût du fruit défendu devient légitime et en perd toute saveur.

Dans les années 1970, le Dr Joyce Brothers se faisait le chantre d'une sexualité prudente. A la grande surprise de certains de ses confrères, elle vantait les mérites du concubinage. Elle fit ensuite volte-face et eut la sagesse de déclarer en substance: "En fait, ça ne marche pas." En 1985, elle écrivit un article où elle dressait la liste des raisons pour lesquelles la cohabitation avant le mariage ne mène qu'à l'échec:

- Le risque de divorce est accru (une probabilité de 80% supérieure).
- La satisfaction post-maritale s'en trouve affaiblie.
- Les hommes emménagent chez leur amie surtout pour pouvoir faire l'amour plus régulièrement.
- La cohabitation ne conduit que rarement au mariage.
- Le risque de contracter des maladies vénériennes est plus élevé.

- L'hostilité sexuelle est symptomatique de ce type de relation.
- Les femmes se sentent moins en confiance quand elles vivent en concubinage.
- On souffre autant quand vient le temps de la séparation.[8]

Quand on vous dit: "Allez, viens vivre avec moi, c'est la seule façon de savoir si nous sommes compatibles", méfiance! Non seulement vous vous mettez ainsi en porte-à-faux avec la volonté de Dieu – lui qui sait ce qui est bon ou non – mais vous n'aurez qu'une infime probabilité de voir durer votre mariage.

"Enfin, qui achèterait une paire de souliers sans les essayer? Comment savoir autrement si on a effectivement trouvé chaussure à son pied?" disent certains. Mais il ne s'agit pas de s'acheter des souliers. Il est ici question de relations humaines.

Mais nous sommes des êtres humains!

Je ne conteste pas que la sexualité soit de la dynamite. Avec cette notion à l'esprit, imaginez-vous la situation que je vais vous décrire maintenant. Un jeune homme, disons 25-30 ans, travaille pour le compte d'un patron très riche qui, pour quelque temps, décide de confier tous ses biens à cette personne – les autres employés, son équipement et même une part majoritaire des actions de l'entreprise. Ainsi, tout passe aux mains de notre beau et charmant jeune homme. En l'absence de son mari, la femme du patron remarque justement combien il est charmant et beau. Elle se sent si seule, elle a tant besoin de compagnie. "Et si je passais la soirée avec lui, se dit-elle, ce serait toujours mieux que de rester seule." Elle

8. Joyce Brothers, *New World*, citée par Carolyn Koons et Michael Anthony, *Single Adult Passages*, pp. 138-139.

l'invite donc à dîner et lui fait comprendre qu'elle a tout autre chose en tête que de partager son repas avec lui.

Répondez-moi franchement! Mettez-vous à la place de notre jeune homme. Vous êtes seul, loin de votre famille et de votre terre natale. Comment allez-vous réagir? "Ce que vous feriez si vous le pouviez, aux yeux de Dieu c'est comme si c'était déjà fait", dit un dicton populaire.

L'histoire que je viens de vous raconter s'est effectivement déroulée, il y a des centaines d'années, et elle aurait tout aussi bien pu avoir pour cadre votre propre maison. Vous la trouverez dans la Bible au chapitre 39 de la Genèse. Le jeune homme auquel je fais allusion s'appelait Joseph, et il dut subir les avances de l'épouse de Potiphar, haut fonctionnaire du royaume d'Egypte. Sa façon de réagir à la tentation devrait se passer de commentaires et vous aidera le jour où vous serez tenté à votre tour.

La première chose qui saute aux yeux, c'est que Joseph n'a pas essayé de trouver de bonnes raisons pour justifier ce dont il aurait retiré beaucoup de plaisir. Il aurait pu se dire: "Après tout, personne n'en saura jamais rien. La morale est une affaire privée."

L'expérience de Joseph nous sera profitable si nous en tirons une deuxième observation: il comprit tout de suite que s'il répondait aux avances de cette femme, cela ferait de lui un voleur, puisqu'il prendrait ce qui appartient à un autre homme. Il dit à la femme de son maître: "Il n'en est qu'un qui soit plus grand que moi dans cette maison, et il a remis entre mes mains tout ce qui lui appartient, excepté toi, parce que tu es sa femme." Si vous envisagez d'offrir votre virginité à quelqu'un – sans savoir si vous l'aimez assez pour vous engager à passer avec lui le reste de vos jours – souvenez-vous que vous ne pouvez faire ce don qu'une fois. La "première fois" n'arrive qu'une fois. Cela n'a-t-il aucune valeur?

Nous observons enfin que Joseph comprit qu'il n'est pas condamnable d'éprouver une tentation; le péché consiste à y céder. "Comment ferais-je un aussi grand mal et pécherais-je contre Dieu?" (Genèse 39:9).

"Enfin Joseph, c'est absurde, aurait-elle pu lui répondre. Qu'est-ce que Dieu a à voir là-dedans?" Cet incident survint 400 ans au moins avant que Moïse ne reçoive les dix commandements, mais Joseph savait qu'il existe des lois morales qui transcendent la croissance et la chute des nations, le mouvement de balancier des traditions sociales et de la morale populaire. Nous sommes tous responsables de nos actes devant Dieu. Paul, il y a de cela bien longtemps également, écrivit à l'intention d'une communauté d'hommes et de femmes à la sexualité très permissive:

> Aucune tentation ne vous est survenue qui n'ait été humaine, et Dieu, qui est fidèle, ne permettra pas que vous soyez tentés au-delà de vos forces; mais avec la tentation il préparera aussi le moyen d'en sortir, afin que vous puissiez la supporter.
> (1 Corinthiens 10:13)

Bien qu'il soit très difficile à un(e) célibataire vivant dans une société à la morale polluée de se garder pur(e), c'est néanmoins possible. Voici cinq conseils que j'aimerais vous communiquer pour vous aider à rester pur.

1° Annoncez la couleur et engagez-vous publiquement

Personne ne se souille plus que celui qui se débat dans le caniveau. Visez plus haut et déclarez-vous publiquement. Hissez vos couleurs. Rien à voir avec je ne sais quel orgueil de vous sentir plus saint qu'autrui; il s'agit seulement de déclarer ouvertement quelle est votre position en la matière.

On ne peut faire ce premier pas que sous l'impulsion du Saint-Esprit, combinée avec un désir sincère de se tenir à l'écart de la pollution sexuelle de ce monde. C'est à cela que

Jacques faisait allusion quand il déclarait que la religion pure et sans tache devant Dieu notre Père inclut "de se préserver des souillures du monde" (Jacques 1:27).

2° Décidez une bonne fois pour toutes de ne pas (plus) commettre de péché sexuel

"Ainsi vous-mêmes, regardez-vous comme morts au péché, et comme vivants pour Dieu en Jésus-Christ. Que le péché ne règne point dans votre corps mortel, et n'obéissez pas à ses convoitises", conseillait Paul (Romains 6:11-12). Dans la même lettre, il nous engageait (12:1) à "offrir nos corps comme un sacrifice vivant, saint et agréable à Dieu". Le problème, quand les sacrifices sont vivants, remarquait J. Vernon McGee il y a bien des années, c'est qu'ils n'arrêtent pas de vouloir descendre de l'autel! C'est pourquoi il vous sera nécessaire de réaffirmer votre engagement de rester sexuellement pur.

3° Gardez toujours votre "maison" en ordre

Se garder sexuellement pur implique la confession et la purification, lorsqu'on l'abandonne, de ce que l'on sait mauvais, et l'attachement ferme à ce qui est juste. On n'y parvient que par un renouvellement quotidien, qui touche autant à la façon de penser qu'à la vie morale et aux pratiques professionnelles. "Si nous confessons nos péchés, il est fidèle et juste pour nous les pardonner, et pour nous purifier de toute iniquité", indique 1 Jean 1:9. C'est encore valable de nos jours.

4° Soumettez-vous à la discipline de Dieu

Il vient un temps où l'on doit subir les conséquences de ses actes. Vous aurez beau répandre votre cœur devant le Seigneur dans la plus sincère des repentances, même s'il est vrai que Dieu vous pardonnera, vous ne devrez pas moins subir les conséquences de vos actes. Un jeune prit un jour la voiture de son père sans sa permission et fut impliqué dans un accident où il était en tort. Il se tint devant le pare-chocs avant tout démantibulé, ferma les yeux et supplia: "Seigneur, je t'en prie, fais que cela ne soit jamais arrivé!"

Il vient un temps où Dieu permet que les difficultés viennent nous ramener à la raison pour que nous décidions de changer de direction. C'est ce qui arriva au fils prodigue; il retrouva la raison et décida qu'il était temps de retourner à la maison de son père (Luc 15:17).

Quand on sait que le cœur de Dieu est bon, on accepte plus volontiers la discipline qui vient de sa main, car si l'on a pris une mauvaise direction, il nous en fait changer. Apprenons à discerner la différence entre les situations où Dieu pose la main sur nous pour nous remettre avec amour sur le droit chemin et celles où Satan est à l'œuvre, car c'est à ces dernières seulement que nous devrons nous opposer.

Le jour le plus terrible de ma vie fut celui où je pris la décision, au bout de trois ans de fréquentations, de faire ma demande en mariage à Darlene (qui devint finalement ma femme). J'étais certain de l'aimer plus que tout au monde et je désirais ardemment passer le reste de mes jours en sa compagnie. Elle me répondit qu'elle m'aimait (et je sais qu'elle était sincère). Elle avait tout ce que je pouvais désirer chez une épouse: elle était charmante, engagée avec le Seigneur, aussi intelligente que belle, et capable d'une grande qualité d'écoute. Je venais d'obtenir ma licence tandis qu'il lui restait encore un an à faire et, après avoir longtemps prié à ce sujet, je me décidai à aller lui faire ma demande, me persuadant que c'était une affaire réglée d'avance.

J'achetai la bague et partis en voiture de Denver à Laguna Beach, en Californie, où elle passait ses vacances avec sa famille. Après un repas délicieux, nous partîmes en voiture admirer le Pacifique depuis de hautes falaises baignées par la douce lumière du clair de lune. C'est là que je lui fis ma demande en mariage.

Elle se mit à pleurer, et tout ce que je pus comprendre de ses paroles fut: "C'est impossible, je ne suis pas prête pour cela." Ma réaction fut de penser: "Tu as eu trois ans pour y réfléchir, tu savais bien que je te demanderais un jour ou l'autre en mariage. Puisque tu m'aimes, comment peux-tu refuser ma proposition?"

J'en étais malade. Aux petites heures du matin, je me saisis de ma Bible et me mis à lire Hébreux 12:5-6 où il est écrit: "Mon fils, ne méprise pas le châtiment du Seigneur, et ne perds pas courage quand il te reprend; car le Seigneur châtie celui qu'il aime, et il frappe de la verge tous ceux qu'il reconnaît pour ses fils."

Bien plus tard, j'appris que Darlene avait elle aussi ouvert sa Bible et était tombée par hasard sur Proverbes 3:11-12: "Mon fils, ne méprise pas la correction de l'Eternel, et ne t'effraie point de ses châtiments, car l'Eternel châtie celui qu'il aime, comme un père l'enfant qu'il chérit." Simple coïncidence? Non, cela faisait partie de la discipline que Dieu réservait à chacun de nous deux.

Nous n'étions pas mûrs pour nous marier. Pourtant j'étais convaincu du contraire: le courant passait si bien entre nous, mais elle n'en était pas si sûre. Elle savait très bien écouter les autres, mais elle me laissait dans une ignorance presque totale de ce qui se passait dans sa tête.

Nos deux familles n'avaient pas grand-chose en commun. Je venais d'une famille extravertie où, quand on avait quelque chose sur le cœur, on ne se privait pas de l'exprimer. La sienne, d'origine canadienne, préférait garder une réserve polie. Si la communication non verbale faisait partie des épreuves des Jeux Olympiques, je peux vous assurer que sa mère aurait remporté la médaille d'or haut la main. Son père avait appris cette langue des signes non verbaux. La mère de Darlene n'avait qu'à renifler d'une certaine façon et il savait immédiatement à quoi s'en tenir. Quant à moi, si Darlene reniflait en ma présence, je m'empressais de lui présenter un mouchoir. Je ne pouvais me douter que par là elle avait quelque chose à me dire; j'attendais pour ma part qu'elle ouvre la bouche.

Nous ne parlions pas le même langage, et je sais maintenant que cela aurait sérieusement perturbé nos rapports de couple. Comme notre relation était désormais dans une impasse, nous avons rompu, et même si je l'aimais toujours autant, je sortais avec d'autres filles (en m'arrangeant le plus souvent pour être vu avec elles, certain que ses colocataires ne manqueraient pas de lui en faire part et qu'elle saurait ainsi que je ne restais pas à me morfondre en l'attendant).

A cette époque, ma sœur mourut suite à une longue maladie, le lupus, une dégénérescence du tissu conjonctif. De nouveau ma vie basculait. Comme Darlene connaissait ma sœur, nous fûmes amenés à nous rencontrer. Je pleurais, elle pleurait. Elle comprit alors que je ressentais les mêmes émotions et que j'acceptais qu'elle me voie tel que j'étais – et plus seulement à l'abri derrière un vernis de façade. Du coup, notre relation prit un tour radicalement différent. Nous avions compris combien il est important de bien communiquer et n'avons pas tardé à nous y mettre.

Lorsque Dieu nous discipline, il nous conduit à travers une vallée où nous sommes confrontés à des difficultés qui nous procurent de grandes souffrances, par lesquelles nous n'aurions certainement pas voulu passer si le choix nous en était donné. Il ne nous abandonne pas pour autant à notre triste sort. Son but est de nous enseigner ce qu'il est vital pour nous d'apprendre. Parfois, nous discernons que nos fautes ont provoqué ce qui arrive, ou bien de fâcheuses décisions prises en dehors de la volonté de Dieu, et alors nous nous soumettons volontiers à sa discipline, car nous y reconnaissons la main compatissante du Père qui nous ramène dans le chemin qu'il a prévu pour nous. Cependant, à d'autres occasions, au début, nous avons du mal à comprendre mais, rétrospectivement, nous devons bien reconnaître que ce qui est arrivé était destiné à nous discipliner et que nous en avons tiré profit.

Nous sentons parfois que Dieu nous pousse clairement dans un sens, et cela nous est confirmé par des frères sérieux et mûrs dans la foi, mais les choses ne parviennent pas à se mettre en place. Pour y remédier, je vous recommande d'avoir recours à une bonne dose d'Ephésiens 6 et de rester confiants: Dieu est à l'œuvre pour retourner la situation. Dans ces cas-là, en effet, ce n'est pas Dieu qui vous résiste, mais Satan.

5° Aménagez-vous des moments de renouvellement réguliers

Les questions auxquelles nous devons répondre de nos jours ont été posées depuis bien longtemps par le psalmiste: "Comment le jeune homme rendra-t-il pur son sentier?" Il répondit lui-même: "En se dirigeant d'après ta parole" (Psaume 119:9).

Le renouvellement est une affaire quotidienne. Il s'agit de recentrer notre vie, de retourner au pied de la croix et de nous attacher fermement à ce qui compte le plus. Cela commence tous les matins, lorsque notre cœur s'exclame: "Père, marchons ensemble aujourd'hui", et cela continue par la lecture de la Parole qui, comme une fontaine rafraîchissante, nous donne une perspective renouvelée des valeurs éternelles et nous permet de mettre notre main dans la main ferme de Dieu. Ce mode de renouvellement doit à mes yeux comporter trois actes:

- nous baigner chaque jour dans la Parole, en appliquant les principes bibliques à notre vie quotidienne, en proclamant les versets qui parlent à notre cœur et en y cherchant direction et force pour notre vie;
- rendre la prière aussi naturelle pour nous que la respiration: parler en toute liberté au Seigneur de nos soucis aussi bien que de nos espoirs et ambitions, et confesser nos échecs et péchés autant que nécessaire;

- exercer la communion fraternelle avec d'autres chrétiens (on est plus à l'aise dans une Eglise proche de chez soi, où l'on se sent membre d'un corps).

Le maintien de la pureté correspond à la description biblique de la sainteté. S'efforcer de rester sexuellement pur n'a rien d'aisé et n'est jamais acquis définitivement. Mais il n'est jamais trop tard pour s'y mettre.

Choix n° 3: s'engager ou rester libre

Quand Jean et Marie sont ensemble, leurs amis les présentent en tant que "Monsieur et Madame". On les croirait mariés, mais en réalité ils ne sont jamais passés devant le maire. Marie parle souvent de mariage (avant d'avoir des enfants en tout cas), et ses yeux s'embrument à la vue de ses amies qui se marient les unes après les autres, mais ils n'ont pas de projet concret de mariage. Jean n'y voit aucun intérêt: "Le mariage, c'est trop sérieux, ça me fait peur", dit-il souvent.

Jean et Marie font partie de cette catégorie de plus en plus nombreuse d'individus qui, pour une raison ou pour une autre, optent pour le concubinage et n'envisagent pas de se marier. Un autre de ces adeptes de l'union libre dit quant à lui: "Vivre ensemble nous donne l'impression que nous avons toujours vingt ans. A mon avis, pour se marier il faut se sentir adulte, et nous, nous ne voulons pas quitter si vite notre jeunesse." Nul ne songe à contester que le mariage soit une relation d'adultes, mais depuis quand coucher ensemble est-il devenu une prérogative des enfants? Quand on lui demande pourquoi il n'a jamais épousé la personne avec laquelle il vit en concubinage, voici ce que dit un autre homme: "Nous ne nous sommes jamais sentis très concernés par tout ce folklore autour du mariage; nous avons toujours voulu être 'ensemble' plutôt que 'mariés', et c'est encore le cas aujourd'hui."

Tous, cependant, n'ont pas l'intention de rester ensemble. Prenons l'exemple de cette jeune femme qui m'écrivit: "Je suis célibataire, enceinte d'un bébé conçu en dehors du mariage. Cela ne veut pas dire que le mariage soit exclu, mais nos sentiments l'un envers l'autre, surtout en ce qui concerne le père de mon bébé, ne sont pas assez profonds pour envisager un engagement définitif. Cependant, j'aime tellement cette nouvelle vie que je sens grandir en moi, avec la grâce de Dieu, que je trouve la force de supporter les critiques de mes parents et amis." Je ne pus m'empêcher de penser à une carte postale vue récemment. Elle montrait la silhouette d'un couple tendrement enlacé sur une plage, sur fond de soleil couchant, et portait le message: "Tu es pour moi comme les vagues de la mer: tu m'enlaces tendrement, mais sans me retenir."

Qu'avons-nous fait de l'engagement? Pour la génération précédente, la sexualité s'accompagnait d'un engagement. Ce n'était pas une question de choix, cela allait de soi. Serait-il possible, si grossière que soit l'analogie qu'il emploie, qu'Elvis Presley nous ait donné la réponse? Quand on lui demanda pourquoi il refusait d'épouser la femme qui partageait sa vie à l'époque, il fit cette réponse: "Pourquoi s'embarrasser à acheter une vache quand on peut la traire à travers la clôture?"

L'engagement. Voilà bien un mot qui n'a pas bonne presse à l'heure actuelle, et quand par hasard on en parle, c'est pour en faire des gorges chaudes. D'après le Petit Robert, c'est "l'action de se lier par une promesse ou une convention". S'engager, c'est donc prendre la décision de poursuivre une relation, de persévérer même quand les circonstances sont difficiles et de faire un pas de plus même quand on se croit à bout de forces. Ed Dayton fit cette observation:

> L'engagement est à la base de toute relation humaine. C'est le lien et la trame de toute société. Toutes les cultures de par le monde comprennent bien la notion d'engagement. Sa réalisation concrète peut prendre des formes diverses, mais on le retrouve partout. Etre un humain, c'est aspirer à un engagement de la part des autres.[9]

S'engager, c'est prendre la décision de rester auprès de quelqu'un sans tenir compte du degré de chaleur de la relation ni de la force des tempêtes qui la secouent.

De nos jours, cependant, la notion d'engagement pâtit des attitudes prônées par le monde. "Ne fais que ce qui te plaît! Seul compte ton épanouissement personnel! Recherche la satisfaction de tes moindres caprices!" Un tel état d'esprit est comme un virus qui s'attaque à l'engagement. "Nous sommes les victimes de notre propre libération, a dit Arthur Fleming. Une philosophie de vie caractérisée par l'invitation 'ne fais que ce qui te plaît' correspond à un engagement envers soi-même. On ne pense qu'en ces termes: 'Je mérite d'avoir ceci', 'Parce que je le vaux bien'. C'est un monde rétréci, qui ne contient qu'une personne: soi-même."

La question qui hante l'esprit de toute femme en âge de se marier est fondamentale: Pourquoi les hommes craignent-ils tant de s'engager? Ils ne sont certes pas les seuls à faire preuve d'hésitation dans ce domaine, mais les femmes, du fait de la structure émotionnelle dont Dieu les a dotées, sont plus souvent enclines à s'engager dans le mariage. Elles aspirent à trouver quelqu'un qui se tiendra toujours à leur côté pour les soutenir, les aider et les encourager.

Un jour, deux jeunes gens, qui ont fondé depuis un couple solide, sont venus me consulter, et je leur ai demandé de me raconter comment ils s'étaient connus. La jeune

9. Ed Dayton, *Whatever Happened to Commitment?* (Grand Rapids, MI: Zondervan Books, 1984), p. 15.

femme répondit: "Au club des célibataires de notre Eglise." Le jeune homme se mit alors à expliquer qu'en fait ils s'étaient rencontrés trois ans plus tôt, mais que peu de temps après il avait plutôt cavalièrement mis un terme à leurs relations. Ils eurent l'occasion de se revoir plus tard, et il l'invita à déjeuner. Là, il s'excusa de la façon dont il l'avait traitée.

– Avez-vous cru à sa sincérité ou avez-vous pensé qu'il ne cherchait qu'à profiter de vous une nouvelle fois?

– Ah! sincère, il l'était, seulement il a mis longtemps, très longtemps, à prendre notre relation au sérieux, répondit-elle.

– J'avais trop peur de m'engager, avoua-t-il.

– Puis-je me permettre de vous demander pourquoi? lui demandai-je.

– Je mettais la barre trop haut. La réalité me semblait trop différente de ce que je m'imaginais. Je ne pouvais m'empêcher de penser: "Et si je rencontrais celle qui me conviendra parfaitement, qui me fera vraiment craquer..."

– Qu'est-ce qui vous a finalement décidé à vous engager envers elle?

– J'ai pris lentement conscience que nos fantasmes et nos rêves n'existent que dans notre imagination, et que dans le monde réel nul n'est parfait. Surtout, je me suis rendu compte que si je refusais de m'engager, je risquais fort de la perdre.

Beaucoup, à l'heure actuelle, et surtout ceux qui sont issus de familles dysfonctionnelles où les instants de bonheur étaient rares, éprouvent des réticences à s'engager dans une relation, et on les comprend. Ils ont la hantise de reproduire le schéma dont ils ont pâti dans leur famille et s'imaginent qu'en ne s'engageant pas ils éviteront ce malheur.

"A ton avis, Georges épousera-t-il la jeune fille avec qui il sort en ce moment?" demandai-je un jour à mon fils à propos d'un ami commun.

"Ca m'étonnerait, me répondit Steve, Georges a toujours pris ses relations très au sérieux, mais pas question pour lui de s'engager. On l'a surnommé Teflon: avec lui, rien n'attache!"

S'engager va bien plus loin qu'entretenir une relation. Comment défendre une cause, se lancer dans une entreprise quelconque ou atteindre un but, sans engagement? On dit parfois que la génération actuelle manque d'engagement, et c'est la vérité pour beaucoup. Mais ne généralisons pas. Je suis cycliste amateur, et j'ai une profonde admiration pour l'engagement et la consécration de ceux qui participent à des compétitions cyclistes de haut niveau, et pour la façon dont ils poussent leur corps jusqu'aux limites de ses possibilités. Pensez au Tour de France où les coureurs doivent tenir une moyenne de 60 km/h plusieurs jours de suite. Voilà qui exige un engagement considérable.

La première fois que Lindberg traversa l'Atlantique en avion, il prit sa carte et traça une ligne correspondant à la moitié de la distance à parcourir. Il prit alors la décision qu'au-delà de cette ligne, quoi qu'il arrive, il ne ferait plus demi-tour; il n'abandonnerait pas.

Je pense que l'une des causes de la réticence actuelle à s'engager est le fait que nous ne nous sommes jamais engagés à vivre selon les commandements de Dieu. "Quand Jésus-Christ appelle un homme, écrivit Dietrich Bonhoeffer du fond de sa cellule peu avant sa mort, il l'appelle à le suivre et mourir." Qui envisagerait avec enthousiasme de mourir à ses désirs, à ses espoirs et à ses ambitions? Nous tenons à garder les coudées franches et à satisfaire nos désirs.

Quand nous donnons quelque chose par engagement, paradoxalement nous recevons bien plus que ce que nous abandonnons. Prenons l'exemple d'une femme yougoslave, issue d'un milieu humble, toujours menacée par la misère. Un jour son frère, officier militaire, lui exprima sa réprobation de la voir engager sa vie au service missionnaire. Elle lui répliqua: "Tu te crois fort important en tant qu'officier au service d'un roi fort de 2 millions de sujets. Eh bien! moi, je sers le Roi du monde entier. De nous deux, lequel a fait le bon choix?"

Ce frère était le lieutenant Bojaxhui. Avez-vous entendu parler de lui? Sa sœur par contre est connue du monde entier sous le nom de mère Térésa. Sa plus grande récompense, disait-elle souvent, n'était pas le prix Nobel, qui lui fut accordé en reconnaissance pour l'aide qu'elle avait apportée à beaucoup, mais l'amour de ceux qu'elle avait touchés. C'est son engagement qui fit toute la différence.

J'ai consacré cette section à montrer toute l'importance de l'engagement en termes de réussite, que ce soit pour traverser l'Atlantique en avion comme Lindberg ou pour ouvrir des orphelinats et des dispensaires comme mère Térésa. Le même principe s'applique aux relations humaines. Faute d'être soutenue par un engagement indéfectible et jamais remis en question, une relation ne peut perdurer.

Si vous avez grandi dans un foyer dépourvu de la solidité que confère l'engagement, vous éprouverez des difficultés à intégrer cette réalité dans votre vie. L'engagement commence par une décision et est fortifié par une honnêteté sans faille. L'intégrité consiste à accomplir ce que nous avons promis de faire, et appliqué aux relations, ce mot est synonyme d'engagement.

Choix n° 4: une vie pleine de sens ou médiocre

Aux yeux de certains, le succès ne se définit qu'en termes de célébrité, fortune, pouvoir ou exploit. Ils passent ainsi à côté de ce qui pourrait donner beaucoup plus de sens à leur vie que la simple réussite matérielle. Même si vous n'aimez peut-être pas qu'on vous le rappelle, vous, les célibataires, êtes déchargés de bien des responsabilités qui encombrent la vie de vos homologues mariés. C'est pourquoi Paul insistait sur le fait qu'un célibataire peut faire beaucoup de choses qu'il ne pourrait accomplir étant marié. Il exposait:

> Celui qui est marié s'inquiète des choses du monde, des moyens de plaire à sa femme. Il y a de même une différence entre la femme et la vierge: celle qui n'est pas mariée s'inquiète des choses du Seigneur, afin d'être sainte de corps et d'esprit; et celle qui est mariée s'inquiète des choses du monde, des moyens de plaire à son mari. Je dis cela dans votre intérêt; ce n'est pas pour vous prendre au piège, c'est pour vous porter à ce qui est bienséant et propre à vous attacher au Seigneur sans distraction.
> (1 Corinthiens 7:33-35)

Permettez-moi d'évoquer à présent certains de mes héros et héroïnes, des hommes et des femmes célibataires qui ont choisi le chemin d'une vie qui a du sens, plutôt que celui du succès.

William Borden, l'homme qui tourna le dos au confort

Au printemps 1913, deux testaments furent ouverts par le notaire à quelques jours d'intervalle. Ils étaient tous les deux rédigés à la main, l'un portant la signature du grand financier J. Pierpont Morgan, l'autre celle d'un jeune homme de 25 ans, diplômé de la Faculté de Princeton, William Borden. A peine quelques semaines plus tôt, à bord du navire qui faisait lentement voile en direction de l'Egypte où il comptait partager l'amour de Dieu avec les musulmans, Borden avait pris la plume et – au cas où – couché ses dernières volontés dans son testament.

Ces hommes étaient tous les deux très riches; tous deux croyaient en Jésus-Christ. Borden avait hérité de la fortune de sa famille, alors que Morgan avait consacré toute sa vie à bâtir l'un des plus importants empires financiers de la planète. Or, le jour où l'on prit connaissance de leur testament, on découvrit que Morgan, mort à 75 ans, avait fait don pour l'œuvre du Christ d'une somme inférieure de moitié à celle léguée par Borden, alors que ce dernier était trois fois plus jeune que lui. Morgan avait réussi dans la vie, la vie de Borden était riche de sens.

Cependant, William Borden léguait beaucoup plus que de l'argent, quand il fut emporté, si jeune, par une crise de méningite aiguë. Ce n'est pas tant par ses biens qu'il marqua durablement les esprits, mais par son intégrité, son altruisme et son engagement à la suite de Jésus-Christ. Issu d'une famille fortunée, il aurait pu profiter d'une vie d'oisiveté et de plaisirs. Il choisit pourtant de devenir missionnaire dans une des zones du monde les plus hostiles au christianisme.

Converti dès son adolescence, Borden ne permit jamais que son argent fasse obstacle à sa vocation. On avait souvent peine à croire que ce jeune homme généreux puisse être aussi riche. Jamais il ne pensa que son argent lui appartenait. Il ne voulut jamais acquérir de voiture, car il considérait ce moyen de transport comme un "luxe inutile". Même en plein centre du Caire, il conduisait une charrette tirée par des bœufs et il partageait la vie d'une famille indigène.

Pendant ses études, il fonda une mission destinée aux alcooliques des bas-fonds de la ville. A peine âgé de 23 ans, il rédigea ce qui devint la charte doctrinale de l'Institut Biblique Moody à Chicago. Plusieurs journaux dans le monde firent leurs gros titres de sa mort précoce. "Quel gâchis de potentiel humain! s'écriait-on. Quand on pense à ce qu'il aurait pu faire de sa vie!"

William Borden aurait acquiescé aux paroles adressées par Paul aux Philippiens: "Christ sera glorifié dans mon corps avec une pleine assurance, soit par ma vie, soit par ma mort." Ces deux hommes connurent le sens du sacrifice ultime. "Car Christ est ma vie, et la mort m'est un gain" (Philippiens 1:20-21).

Voici la devise de Borden: "De tout mon être, aller de l'avant, sans l'ombre d'un regret." Si, comme l'indique la Confession de Westminster, le but ultime de la vie consiste à glorifier Dieu, William Borden atteignit bien cet objectif. Il fit aussi l'éclatante démonstration que ce que nous faisons de notre vie a infiniment plus d'importance que sa durée. Il choisit de donner du sens à sa vie plutôt que de jouir confortablement de sa fortune.

Amy Carmichael, une femme qui fit la différence

Amy Carmichael ne rentrait pas dans le moule, ce qui valut bien des inquiétudes à ceux qui se préoccupaient plus de maintenir l'ordre et les traditions que de propager la Parole de Dieu. Non qu'elle fût rebelle, c'était plutôt une célibataire non conformiste dans un monde de couples. Si vous n'avez rien lu à son sujet, je ne saurais trop vous recommander l'ouvrage que lui consacra Elisabeth Elliot, *A Chance to Die*. Ancienne missionnaire, l'auteur retourna, alors qu'elle était veuve et mère de famille, dans la tribu qui avait assassiné son mari. A la façon élogieuse dont elle parle d'Amy Carmichael, on sent tout de suite la considération qu'elle a pour elle. Elle a cependant la franchise de décrire les faiblesses tout humaines autant que la force de l'amour de cette femme, l'une des plus remarquables missionnaires de l'histoire moderne.

Née le 16 décembre 1867 dans une ville côtière du nord de l'Irlande, Amy Carmichael n'était en rien prédisposée à la médiocrité. Elle fut élevée très strictement et eut tôt fait de comprendre qu'on attendait plus d'elle que des autres. Pendant le long culte dominical, on permettait aux enfants de prendre leur mal en patience en suçant des sucres d'orge, mais elle devait rester assise dans la plus parfaite obéissance.

Pourtant, le début de sa carrière de missionnaire ne fut guère brillant. Elle servit tout d'abord au Japon, puis en Chine, puis à Ceylan, et finit par rentrer en Angleterre où on exerça sur elle de nombreuses pressions pour qu'elle reste et serve là. Finalement, la volonté de Dieu la conduisit aux Indes, où elle consacra le reste de ses jours. Parmi les nombreuses œuvres qui restent liées à son souvenir, la plus remarquable est celle qu'elle accomplit parmi les enfants, et particulièrement auprès des jeunes filles contraintes de se prostituer dans les temples. Elle s'intégra à la mission qui avait été établie depuis quelque temps à Dohnavur, et le nom de cette ville devint rapidement synonyme de son œuvre.

Le caractère de cette femme, qui réalisa ce qu'aucun homme n'avait jamais accompli là-bas, peut être résumé en trois mots: obéissance, fidélité, tendresse. Dès le début, elle fit preuve d'une obéissance férocement indéfectible à la Parole de Dieu et à ce qu'elle pensait être la volonté divine pour sa vie, ce qui ne manquait pas d'inquiéter les missionnaires plus traditionnels qui ne la comprenaient pas et l'appréciaient encore moins. Au cours des premières années de son ministère aux Indes, la tendance était, parmi les missionnaires et les chrétiens indiens, à vouloir la faire quitter le pays. "Elle était une épine à leur côté", écrit Elisabeth Elliot, car elle portait le sari des femmes indiennes et tenait à assumer les tâches d'une servante.

Son obéissance à la volonté de Dieu développa en elle une fidélité sans faille envers ses collègues. Elle s'interdisait de médire de ceux qui la critiquaient et l'interdisait aussi à ses collaborateurs. Elle tenait à maintenir une loyauté indéfectible envers ses frères et sœurs dans la foi, même s'ils donnaient l'impression d'aller à l'encontre du service de Christ. Dans son livre *Roots*, elle écrivit ceci: "Loin de nous la pensée que notre façon de vivre soit la seule possible, mais nous avons acquis la certitude que c'est celle qui nous est destinée." Elle ne croyait pas qu'il soit possible de prier avec et pour quelqu'un tout en parlant méchamment de lui. Elle écrivit: "Comment peut-on prétendre prier – je veux dire prier réellement – avec quelqu'un, si on lui en veut ou si on vient de se répandre en critiques à son sujet? Essayez seulement, vous verrez que c'est impossible." A travers tous ses écrits, c'est finalement la tendresse qui prime dans la vie de cette femme extraordinaire.

Après une longue maladie, le 18 janvier 1951, Amy partit discrètement dans la présence du Seigneur. Elle avait 84 ans. Sa tombe, où seule figure la mention AMMAI, "mère" en langue locale, fut creusée à l'ombre d'un tamarinier. Si une femme mérite le qualificatif de sainte, c'est bien elle. Elle refusa de se conformer aux attentes de la société, et même de sa propre famille, et son œuvre dépasse tout ce qu'un homme a jamais pu réaliser en Inde.

Mary Slessor, la petite Ecossaise qui peut en remontrer à plus d'un

Mon troisième héros est une Ecossaise née pendant les années 1840 au sein d'une famille qui vivait dans la plus extrême pauvreté. On surnomme cette décennie "les années de la faim" car, suite à de très mauvaises récoltes, les ouvriers agricoles durent s'entasser dans les villes et vivre dans la misère. 1848 vit la naissance de Mary Mitchell Slessor, fille d'un cordonnier alcoolique dont l'épouse donna naissance à six autres enfants. Quand l'alcool finit par avoir raison de Robert, son épouse fut contrainte de déménager à Dundee, car son maigre salaire de tisseuse ne suffisait plus à subvenir aux besoins de la famille. C'est là que Mary grandit. A peine âgée de sept ans, elle fut obligée de travailler à mi-temps à l'usine. Il va sans dire que ses horaires de travail primaient sur l'école. Ce qu'il faut bien appeler son logement ne comportait qu'une seule pièce sans eau ni éclairage, et encore moins d'installations sanitaires.

C'était un monde cruel pour cette petite rousse intelligente. Elle dut finalement renoncer à toute instruction pour gagner sa vie à plein temps à l'usine. Et pourtant, la jeune fille qui savait envoyer un coup de poing au voyou qui la serrait d'un peu trop près gardait un cœur d'or. Quand un missionnaire visita l'Eglise locale pour y parler du Calabar (devenu le Nigéria), le cœur de Mary s'enflamma. Tout conspirait pourtant à l'empêcher de devenir missionnaire – tout, tout le monde, sauf Dieu. Dieu parvint à utiliser puissamment en sa faveur toutes les circonstances défavorables.

Bien des années plus tard, Mary Slessor, surnommée depuis "Mary la reine du Calabar", écrivait dans son journal: "Dieu + 1, c'est toujours la majorité. Montre-moi que tu es avec moi." Mary Slessor, l'Ecossaise bagarreuse sortie des bas quartiers de Dundee débarqua dans une Afrique où sévissait l'horreur du trafic d'esclaves. A cela s'ajoutaient des coutumes païennes telles que la mise à mort des jumeaux (les indigènes étaient persuadés que l'un des deux avait pour père le diable, et comme on ne pouvait savoir lequel, il était plus prudent de se débarrasser des deux).

L'Afrique qui accueillit Mary rivalisait d'efforts pour obtenir l'argent de l'homme blanc, ses armes et son alcool. Mary Slessor, qui sacrifia son confort, sa santé et presque sa vie, eut un impact considérable qu'évoque avec talent le livre de James Buchan:

> Jamais elle ne se permit de s'opposer aux coutumes africaines, sauf celles qu'elle jugeait dégradantes pour les Africains. Saint Paul – "mon cher Paul" comme elle l'appelait – lui avait appris que le Seigneur avait tant d'amour pour ces peuples qu'il avait donné sa vie pour eux, mais l'amour qu'elle leur portait ne lui donna jamais la faiblesse d'acquiescer aux aspects les plus vils de la culture païenne. Pour sauver des vies, elle n'hésitait pas à menacer si ses supplications restaient vaines. Elle fit de plusieurs douzaines d'enfants abandonnés dans la forêt ses enfants adoptifs. Elle lutta pour que soient abrogées les lois par lesquelles les maris africains exerçaient au gré de leurs caprices le droit de vie et de mort sur leurs épouses. Jusqu'à sa mort en 1915, elle vécut 45 ans la vie d'une Africaine, souvent logée dans

> la hutte d'un village de brousse. Sa mort fut pleurée par des milliers d'Africains pour qui elle était devenue *Eka Kpukpro Owo*, mère de tous.[10]

Elle ne se maria jamais et consacra toute sa vie à son travail. Après bien des années en Afrique, elle retourna dans son Ecosse natale pour raison de santé. Elle était devenue une vieille femme courbée, aux cheveux gris, si ridée qu'on avait du mal à la reconnaître. Ses hôtes, les McCrindles, l'entendaient souvent parler dans sa chambre, et ils pensaient que les années de privation et d'isolement avaient entamé sa santé mentale. Mais en prêtant attention aux paroles qu'elle prononçait au cours de ces conversations solitaires, ils se rendirent compte qu'elle bavardait avec son Père céleste. C'était une habitude que Mary avait prise de rester en contact permanent avec lui. "Quand la vie vous résiste, ceux qui sont résistants se mettent alors en marche." Si ce dicton est vrai, alors il s'applique parfaitement à l'Ecossaise que je place parmi les plus grands responsables chrétiens du 19e siècle, Mary Slessor, reine du Calabar.

Je pourrais en citer une quantité d'autres. En fait, les célibataires et tout ce qu'ils ont accompli dans leur vie pourraient à eux seuls faire l'objet d'un livre. Je pense par exemple à Lillian Trasher, partie en Egypte fonder des orphelinats. A Lilian Dickson, dont la vie d'épouse d'un universitaire devenu missionnaire n'eut rien que de très banal, jusqu'au jour de la mort de son mari. Sa vie prit alors une direction toute différente. Elle se consacra à trouver du travail pour les femmes célibataires, bâtit des églises pour les lépreux de Taiwan et, tel un ouragan, mit les chrétiens au défi d'utiliser leurs biens pour le service de Dieu. Quand elle faisait une conférence, elle devait se tenir debout sur une caisse à savon, car elle était de si petite taille que sa tête n'aurait pas dépassé la chaire. Fondatrice d'une organisation

10. James Buchan, *The Expendable Mary Slessor* (New York: Seabury Press, 1981), p. 254.

(Mustard Seed), elle accomplit beaucoup plus en tant que célibataire qu'en tant que femme mariée.

La plupart des personnalités qui forcent mon admiration sont des femmes. Cela vous surprend-il? L'explication pourrait être la même que celle que donna David Ben Gourion lorsqu'on lui demanda: "Pourquoi soutenez-vous si fidèlement Golda Meir?" "Eh bien! répondit-il, c'est le meilleur des hommes de mon gouvernement." En serait-il de même des régiments de soldats authentiques enrôlés par Dieu?

Quels sont vos choix?

Quelles décisions allez-vous devoir prendre dans un avenir proche? Osez être différent. Relevez le défi. Sortez des sentiers battus. Faites enfin ce que vous avez toujours eu envie de faire sans jamais oser vous lancer. Souvenez-vous: il vient un moment où le trapéziste doit lâcher la barre à laquelle il se tient tandis qu'il se balance en l'air (j'en ai la chair de poule!) avant de saisir celle qui lui vient de l'autre côté de la piste. Accomplir l'extraordinaire passe par l'abandon du familier, du confortable et de l'ordinaire. A vous de décider si vous voulez mener une vie médiocre ou une vie qui a du sens. Lancez-vous, vous ne le regretterez pas.

5

Comment gérer les attentes des autres?

"Je ne sais pas quelle est la clé du succès, mais la clé de l'échec, c'est de vouloir plaire à tout le monde."

Bill Cosby

– As-tu déjà reçu une demande en mariage?

– Oh! oui, plusieurs fois!

– Ça alors, je ne savais pas que tu étais sorti si sérieusement avec quelqu'un.

– En fait, vois-tu... ceux qui m'ont souvent demandé de me marier, ce sont mes parents!

Amusant? Pas quand c'est à vous que cela arrive.

Les parents, la famille, les amis et la société en général exercent tous des pressions pour pousser au mariage. J'ai à l'esprit l'image d'une pyramide inversée, avec la société au niveau supérieur, les parents dans la partie la plus proche de vous – la pointe – et vous en dessous.

D'un point de vue historique, on comprend tout de suite pourquoi la société considère qu'un célibataire n'est pas tout à fait normal. Pendant des siècles, les célibataires, les femmes encore plus que les hommes, étaient relégués au statut de citoyens de seconde zone. On jugeait les hommes non mariés moins responsables que ceux qui, en se mariant, assumaient la responsabilité d'une famille. Les femmes trouvaient une identité en liaison avec un homme. De nos jours encore, dans la majorité des cultures, Patricia Dupond reste toute sa jeunesse la fille de M. Paul Dupond, mais le jour de son mariage elle devient Madame Jean Durant. En outre, depuis que le monde est monde, sous prétexte qu'elles sont moins fortes physiquement, on considère que les femmes ne peuvent se passer de la protection d'un homme, qu'il s'agisse d'un père, d'un frère ou d'un membre masculin de la famille élargie, en attendant qu'un mari vienne prendre le relais.

Il y a encore une génération en arrière, il était entendu que les jeunes gens et jeunes filles qui décrochaient leur diplôme devaient avoir rencontré le bon parti durant leurs études. Même au sein d'établissements chrétiens où les fréquentations n'étaient pas autorisées, la fin des cours voyait fleurir des mariages qui ne pouvaient qu'être l'aboutissement de relations de longue haleine, entretenues entre les sexes opposés dans la plus grande discrétion.

Si une jeune fille quittait l'université sans avoir trouvé de mari, on tiquait, et souvent on ne lui épargnait pas les sarcasmes. La société lui collait l'étiquette de "vieille fille du genre institutrice coincée" (cheveux tirés en arrière, épaisses lunettes). La sagesse populaire voulait que ses chances de se marier soit inversement proportionnelles à son intelligence et à son niveau d'instruction. A tel point que certains parents en venaient à décourager leur fille de faire des études. "Tu seras bien mieux lotie si tu dégottes un mari que si tu décroches une maîtrise de littérature comparée", assuraient-ils à leur fille. Pour une jeune fille, l'intérêt principal des études à l'université consistait à trouver un bon parti, et le jour de son entrée en dernière année, si son annulaire ne s'ornait pas d'une bague de fiançailles, elle sentait se lever le vent de la "panique de la dernière chance".

Nous n'en sommes plus là aujourd'hui, heureusement, mais les attentes d'autrui n'en continuent pas moins de s'empiler sur nos épaules. La pression générée par notre culture ne s'est pas relâchée: on est prié de se marier pour se conformer à la norme du couple. C'est ainsi que 94% des femmes se marient un jour ou l'autre. Ces attentes culturelles ont donné naissance à trois préjugés de base, que les célibataires doivent affronter quotidiennement:

- Si on est célibataire, c'est que quelque chose ne tourne pas rond.
- Un célibataire est malheureux, et il peut être reconnaissant aux couples qui s'efforcent de l'aider à trouver un partenaire.
- Un mariage, même bancal, vaut mieux que d'affronter la vie en célibataire.

Examinons chacune de ces propositions l'une après l'autre.

Si l'on considère que le célibat est une tare, on n'a rien compris à la nature humaine, et c'est d'ailleurs mal connaître les Ecritures. Dans le livre de la Genèse, Moïse écrivit que Dieu était sensible à l'intense solitude d'Adam. "Il n'est pas bon que l'homme soit seul; je lui ferai une aide semblable à lui" (Genèse 2:18). Après avoir donné un nom à chacun des animaux, Adam n'en vit aucun qu'il puisse considérer comme une compagnie valable. La solitude est-elle une tare? Tare ne rime pas avec besoin. Dieu crée des individus uniques, complets, et entiers tels qu'ils sont. Ce qui n'empêcha pas Adam de ressentir un profond et intense désir de trouver quelqu'un qui puisse devenir sa compagne, son aide, une oreille compatissante, bref, une amie. Elie, Daniel, Paul et Jésus lui-même étaient célibataires, et ils le restèrent la plus grande partie de leur vie sinon définitivement. Doit-on pour autant les traiter de tarés?

Deuxième mythe entretenu par les couples: jouer les entremetteurs constituerait l'une des plus hautes vocations, et la source des plus grandes bénédictions de la part du Tout-Puissant. "Celui qui trouve une femme trouve le bonheur" écrivit le sage Salomon en Proverbes 18:22; il s'ensuit donc logiquement que la plus grande faveur que nous puissions accorder à un célibataire, c'est de lui trouver l'âme sœur, n'est-ce pas? Ce n'est pas tout à fait l'avis des célibataires eux-mêmes, car rien n'a plus le don de les exaspérer que cet acharnement à les marier (sauf la sempiternelle question: "Tu n'es pas encore marié, mais qu'est-ce qui ne va pas chez toi?").

D'autres sont d'avis qu'un mariage arrangé vaut toujours mieux que la solitude du célibat. Or, pour le meilleur et pour le pire, le mariage ne fait qu'exacerber les problèmes et les situations. C'est ce dont avait conscience une femme qui assistait à une convention dont j'étais un des orateurs. Le dernier jour, les participants étaient invités à s'exprimer sur la façon dont Dieu œuvrait dans leur vie. "J'ai cinquante ans, je suis toujours célibataire et bien heureuse de le rester. Le bonheur que je n'ai pu connaître n'est rien en comparaison de la joie que je ressens en pensant à tout ce qui m'a été épargné." Ceux qui rirent le plus fort étaient ceux qui souffraient le plus.

Vous êtes célibataire au milieu d'un monde de couples, et alors? Que cela vous plaise ou non (et je pencherais pour le non), ce n'est pas vous qui changerez la façon toute particulière qu'a votre mère de soupirer et de vous souhaiter de rencontrer "quelqu'un de bien", ni la manie qu'a votre père de critiquer les ami(e)s que vous amenez à la maison, sans parler des questions indiscrètes qu'il vous pose quant à leurs revenus, leur cercle familial et leur niveau d'instruction. Les parents sont les parents.

Rappelez-vous cependant que même si vous n'avez pas de prise sur les circonstances de votre vie ou l'attitude des autres, c'est vous qui décidez comment vous allez réagir.

Quels choix s'offrent à vous?

- Vous mettre en colère.
- Leur dire que ça ne les regarde pas.
- Les prier d'aller "voir ailleurs".
- Vous prêter à leur petit jeu.
- Leur faire croire que vous travaillez activement à résoudre votre "problème", et qu'aucun parti convenable n'échappe à vos minutieuses investigations.
- Rester vous-même, dans un esprit d'indépendance affirmée, en installant un cordon sanitaire entre vous et les attentes des autres.
- D'autres suggestions?

Avant de vous aider à organiser votre riposte, puis-je vous demander d'examiner d'abord votre propre attitude? Seriez-vous d'accord pour dire que l'hostilité que génèrent en vous les ADA (attentes des autres) creuse un fossé d'incompréhension entre vous et ceux qui vous sont chers, alors qu'en dépit de leur maladresse, vous devez reconnaître qu'ils sont mus par un amour sincère? Est-ce que la pression sous laquelle vous mettent les ADA creuse également un fossé entre vous et Dieu? Vous êtes peut-être bien placé pour savoir ce qu'on ressent après avoir longtemps et en vain prié pour trouver un conjoint. On en vient à se persuader que soit on fait fausse route quelque part, soit on n'est pas assez bien, soit Dieu a éteint son amplificateur et n'entend pas les prières.

Comment Dieu voit-il votre vie? Vous l'êtes-vous jamais demandé? Vous est-il arrivé de penser qu'il vous réservait peut-être quelque chose de si merveilleux que, si vous pouviez lever le coin du voile, vous vous féliciteriez d'avoir eu la patience d'attendre son heure à lui? De quelle façon souhaite-t-il vous voir réagir aux pressions de votre entourage?

Prenez quelques minutes pour mettre par écrit ce que vous ressentez.

Mettre les ADA noir sur blanc

	Leurs attentes	Mes réactions
Parents		
Famille		
Amis		
Société		
Les attentes de Dieu		

C'est fait? Parfait. A la lumière de ce que vous venez d'écrire, examinez les conseils suivants, destinés à vous aider à gérer les ADA.

1° Refusez l'idée que, si vous n'êtes pas parvenu à répondre aux attentes d'autrui, c'est de votre faute

Peu d'individus sont conscients de leur force intérieure tant qu'ils ne se retrouvent pas au pied du mur, seuls, sans le soutien auquel ils étaient habitués au point de le trouver indispensable. Tant que le loisir nous est laissé de nous reposer sur quelqu'un, nous prenons le chemin du moindre effort et nous tirons notre énergie de cette personne, qu'il s'agisse d'un parent ou d'un ami. Le jour où on est contraint de se tenir debout tout seul (sur le plan émotionnel s'entend), on se met à marcher d'une façon qui s'apparente fort à celle d'un bébé: on trébuche, on se fait des bosses, mais on finit par y arriver tant bien que mal.

Ne me faites pas dire cependant que je vous suggère d'élever exprès un mur de séparation entre vous et ceux qui ont à votre égard de si lourdes attentes. Bien au contraire, efforcez-vous d'entretenir les occasions de communiquer. Ne permettez par contre à personne de faire naître en vous une quelconque culpabilité, sous prétexte que vous ne passez pas la barre. Après tout, qui pourrait vous reprocher de ne pas savoir faire la pluie et le beau temps?

2° Cessez de vous tracasser au sujet de l'avenir

Dans son livre *Each New Day*, Corrie ten Boom, une femme seule aux prises avec notre monde de couples, qui a probablement connu plus de pressions dans sa vie que la plupart d'entre nous, écrivit ceci: "Quand je sens que je me fais trop de souci, je me campe devant mon miroir et je me dis: 'Cette affaire terrible qui me préoccupe tant est insoluble. C'est un problème si complexe qu'il dépasse largement les compétences de Jésus.' Lorsque je m'entends prononcer ces paroles, il ne me reste plus qu'à sourire de m'être montrée si sotte."

Dressez sans attendre la liste de tout ce qui vous inquiète (sans oublier le souci de ne pas arriver à trouver l'âme sœur). Mettez par écrit tout ce qui vous passe par la tête.

____

____

____

____

____

____

____

____

____

Relisez votre liste et cochez les problèmes qui vous préoccupent le plus, ceux qui vous semblent si insurmontables que Dieu lui-même n'y pourrait rien. Allez, soyez honnête avec vous-même.

Posez-vous alors cette question: "Ces problèmes sont-ils en train d'entraver spirituellement ma croissance personnelle?" Comment traite-t-on le péché d'inquiétude (qui représente un problème plus grave que les ADA)?

Vous trouverez la réponse dans la Bible. Il y est écrit: "Déchargez-vous sur lui de tous vos soucis, car lui-même prend soin de vous" (1 Pierre 5:7). On trouve des paroles similaires au Psaume 55:23: "Remets ton sort à l'Eternel, et il te soutiendra, il ne laissera jamais chanceler le juste", ou en Philippiens 4:6: "Ne vous inquiétez de rien; mais en toute chose faites connaître vos besoins à Dieu par des prières et des supplications, avec des actions de grâces."

Mettre en pratique la psychiatrie divine signifie que vous suivez les conseils de C.S. Lewis: "Dites à vos émotions où elles peuvent aller se faire voir." Cela implique que vous décidez consciemment de laisser à Dieu le soin de trouver la solution à vos problèmes (et de répondre à votre besoin à sa façon, pas nécessairement la même que la vôtre). Vous devez vous résoudre à lui laisser prendre le quart de nuit, ce qui signifie lui dire en substance: "Seigneur, tout cela est trop lourd pour moi. Pourquoi passerions-nous tous les deux une nuit blanche à être inquiets? A toi de prendre la relève; je compte sur ton soutien pour m'aider à répondre aux attentes de ______________________________________."

Thomas Blair écrivit un jour: "La volonté de Dieu, c'est que je me décharge sur lui de tous mes soucis chaque jour (1 Pierre 5) et que je garde confiance en lui (Hébreux 10). Mais comme j'agis bêtement quand je suis pris au dépourvu! Je perds confiance et je reprends tous mes fardeaux." D'accord?

Aujourd'hui est le lendemain à propos duquel vous vous faisiez tant de souci hier! Vivez au jour le jour et faites de votre journée un module de 24 heures bien étanche où vous puisez la grâce et la force de Dieu. Au lever, dites: "Seigneur, marchons ensemble aujourd'hui seulement! Je désire vivre cette journée aussi pleinement que possible et ne pas me laisser aller à me faire du souci pour demain, afin que demain ne me vole pas la joie de me sentir vivant aujourd'hui."

Voilà une attitude qui fera une différence.

3° Prenez dès aujourd'hui des décisions en harmonie avec la volonté de Dieu pour vous

On peut répartir les célibataires en trois catégories:

- ceux qui accusent,
- ceux qui trouvent des excuses,
- ceux qui prennent des décisions.

Les accusateurs sont ceux qui rejettent toujours sur autrui la responsabilité de leur situation. "Je serais marié et heureux si seulement Odile n'avait pas décidé d'épouser le facteur pendant que j'étais en mission en Arabie Saoudite (et pourtant je n'ai jamais manqué de lui envoyer une lettre tous les jours, comme je le lui avais promis!)" L'expression favorite de l'accusateur est: "Je n'y suis pour rien."

Ceux qui trouvent des excuses ont toujours un alibi sous la main dès qu'ils ont un problème. "Si seulement j'étais plus jolie, je n'aurais pas autant de mal à attirer l'attention de quelqu'un." "Si seulement je n'étais pas obèse." "Si j'étais aussi riche que..."

Rien de tel que de chercher des excuses pour en dénicher une. Ce n'est que lorsque nous acceptons nos responsabilités que nous commençons à prendre notre vie en main, au lieu de nous conformer aux ADA et d'essayer en vain d'être à la hauteur des espérances des autres (parents compris).

Ceux qui prennent des décisions sont ceux qui forcent le destin. Ils ont la maîtrise de leur vie. Le plus grand pouvoir que Dieu nous a remis, c'est la possibilité de décider: décider ce que nous ferons de notre vie, décider d'agir au lieu de réagir face aux circonstances.

4° Fixez des objectifs à votre portée, et décomposez-les en étapes dont vous viendrez à bout l'une après l'autre

Je souscris de tout cœur à la définition suivante de "l'objectif malin":

M – Motivant
A – A votre portée
L – Limité
I – Intelligemment défini
N – Négociable

Les objectifs vagues, hors de portée, peu pratiques ou mal définis font plus de mal qu'une absence d'objectifs. Certains croient au dicton: "Vise la lune, car si tu la manques, tu finiras bien par toucher une étoile." Je n'y crois pas. Quand on vise la lune, on risque surtout de se faire larguer dans l'espace interplanétaire. Il faudra peut-être même envoyer une équipe de secours pour vous ramener sur terre. Cinq pour cent seulement des célibataires se sont fixé des objectifs dignes de ce nom (à part évidemment celui de se marier et de gagner assez d'argent pour pouvoir prendre leur retraite rapidement), ce qui explique pourquoi seulement cinq pour cent des célibataires parviennent à se hisser au-dessus de la médiocrité générale.

Quels sont vos objectifs?

- Reprendre des cours et passer enfin les dernières épreuves qui manquent pour obtenir votre diplôme.
- Apprendre à vous servir d'un ordinateur.
- Trouver un emploi.
- Devenir membre du club des célibataires de votre paroisse.
- Vous porter volontaire pour donner des cours de rattrapage à des enfants.
- Vous porter volontaire à la garderie.
- Partir en mission d'évangélisation pendant tout un été.
- Devenir membre d'un club de remise en forme.
- Découvrir une nouvelle activité de loisir.

Pensez aussi en termes d'objectifs de vie. Luc écrivit que "Jésus croissait en sagesse, en stature, et en grâce, devant Dieu et devant les hommes" (Luc 2:52). J'y discerne quatre objectifs qui devraient nous servir de modèles pour ce que nous voulons voir se réaliser dans notre vie:

1. acquisition de la sagesse (pas seulement de l'érudition);
2. maintien de la forme physique;
3. croissance spirituelle;
4. développement social.

5° Semez des actes de gentillesse au gré des occasions et donnez de l'amour à quelqu'un qui n'est pas attirant

Quand on cherche à se préserver des ADA, on reste sur la défensive – on relève le pont-levis, on sort les griffes et on se barricade à l'intérieur de la forteresse de ses propres pensées. C'est la mentalité opposée qu'il nous faut adopter. Passons à l'offensive. Faisons quelque chose de positif. Le meilleur remède à la mentalité "pauvre de moi" consiste à répandre autour de soi amour et bonté.

Posez un bouquet de fleurs sur le bureau de vos collègues, emmenez votre grand-mère dîner au restaurant, et si vous savez qu'un garçon a perdu son papa, emmenez-le à la pêche ou à un match de foot. En bref, passez du mode "moi" au mode "don de moi-même". Vous verrez comme c'est efficace pour remonter le moral. Et par la même occasion, vous aurez influencé quelqu'un pour le bien et pour Dieu.

6° Décidez d'être honnête en toutes circonstances

Personne ne vous a demandé de gérer les ADA en vous montrant complaisant (en d'autres termes, en ployant sous le poids de leurs attentes). Il n'est pas non plus de votre devoir de faire tout ce que les gens voudraient vous voir faire (y compris les visites aux cousins et amis de votre tante ou de votre grand-mère). Je vous entends déjà dire: "Mais je ne voudrais froisser personne!" Et vous, comptez-vous pour rien?

Souvent nous portons des masques pour cacher nos vrais sentiments, car nous n'avons pas le courage d'être francs. Dieu a horreur de l'hypocrisie et des faux-semblants, même si c'est pour une bonne cause. Il n'y a rien de mal à dire carrément (pour ma part j'essaierais de le dire le plus gentiment possible): "Ecoute, je ne peux plus supporter l'idée de passer une nouvelle fois le réveillon de Noël tout seul, perdu au milieu de vous tous, venus en couples. Tiens, voici ce que je te propose: si on allait déjeuner ensemble, tu pourrais me mettre au courant de ce qui te concerne. Sincèrement, ça m'intéresse, mais plus question pour moi de jouer la comédie à des occasions où il est clair que je suis la cinquième roue du carrosse."

Dans quelle mesure parvenez-vous à vous montrer honnête avec les autres? Laquelle des propositions suivantes vous décrit le mieux?

- J'hésite à me montrer complètement ouvert et honnête aux autres parce que je crains de les froisser.
- J'exprime à ceux qui m'entourent ce que je les pense aptes à supporter, et ensuite je me ferme comme une huître.
- J'évite les situations qui me mettent mal à l'aise mais je me garde bien de dire franchement pourquoi, les rares fois où on me le demande.
- J'ai appris à être honnête – totalement. Je sais que je prends aussi le risque de recevoir et d'infliger des paroles qui ne plairont pas à tout le monde, mais je suis prêt à assumer si nécessaire.

Il est grand temps de dissocier ce que Dieu réclame de nous pour notre plus grand bien des attentes en vigueur dans notre culture. Votre façon d'agir peut faire une grande différence, mais vous ne devez pas jouer la comédie quand il s'agit de vos sentiments de célibataire au sein d'un monde de couples et des décisions qui contribuent à votre bien-être.

7° Sortez de la routine

Décidez d'élargir la palette des possibles qui s'offrent à vous en vous disant quotidiennement: "Je veux me libérer de l'esclavage des ADA; je fais donc quelque chose qui relève uniquement d'un choix et d'une décision personnels." Brisez le moule dans lequel vous avez été élevé, le moule que vous ont imposé les attentes diverses et variées de vos parents, proches, amis et associés. Je ne suggère pas de prendre des risques inutiles ou de faire preuve de témérité, ni de vous laisser aller à l'immoralité ou à la luxure et violer votre conscience ou votre estime personnelle, mais plutôt de faire "quelque chose qui soit totalement différent de ce que vous avez l'habitude de faire". Quoi par exemple? Parcourez la liste suivante et ajoutez-y d'autres idées selon ce qui vous passera par la tête.

- Trouver un violon d'Ingres.
- Me présenter comme bénévole à l'hôpital le plus proche.
- Prendre des cours de piano, de chant, de batterie ou de guitare.
- Emmener un enfant au cirque.
- Partir n'importe où en mission d'évangélisation.
- Me porter volontaire pour passer le jour de Noël à rendre service dans un orphelinat ou à faire la cuisine pour des SDF.
- Passer un moment au café du coin et m'offrir un petit plaisir.
- M'offrir une nouvelle robe, une nouvelle veste ou une chemise toute neuve (à condition bien sûr de ne pas me ruiner).
- Prendre des cours de pilotage ou de parachutisme.
- M'initier à la plongée sous-marine.
- Ecouter quelqu'un qui traverse une passe difficile.
- Prendre des cours de secourisme (Vous risquez en effet de devoir faire du bouche à bouche à tous ceux qui tomberont en état de choc devant tant de nouveautés!).

8° Tendez la main à une personne qui souffre

Le réflexe le plus fréquent, quand on vient de se faire plaquer, qu'on aime sans réciprocité ou qu'on vient d'essuyer une déconvenue, c'est de se recroqueviller dans sa coquille. Or, en aidant quelqu'un d'autre, on s'aide soi-même.

Lorsque Bob Pearce, envoyé spécial pendant la guerre de Corée, arriva, un petit orphelin dans les bras, à la porte de l'orphelinat local, l'une des religieuses lui dit: "Je suis désolée, nous ne pouvons nous charger de lui." Elle expliqua qu'elles en étaient à partager en quatre chaque ration individuelle de riz. Bob insista: "Enfin, voyons, ce n'est pas pour un enfant de plus ou de moins..." Alors la religieuse lui prit l'enfant des bras, les conduisit tous les deux au milieu de la salle, fit asseoir l'enfant sur ses genoux et lui dit: "Voilà, maintenant à vous de jouer!"

Bob fit ce qu'aurait fait chacun d'entre nous. Il mit la main à sa poche et donna le peu d'argent qu'il avait pour acheter du riz aux orphelins. Une fois de retour aux Etats-Unis, il se mit à collecter des fonds pour les enfants et fonda l'organisation World Vision, qui porta secours à des millions de personnes de par le monde.

Le plus grand mensonge dont vous devrez vous débarrasser pour que votre vie prenne sens et direction, c'est celui qui vous fait croire que vous comptez pour rien, que vous ne pouvez pas changer le monde, que votre initiative serait insignifiante par rapport aux immenses besoins du monde, et que votre action ne serait rien qu'une goutte d'eau dans l'océan.

Sachez qu'elle revêtira une importance considérable aux yeux de qui en sera le bénéficiaire. Pour lui, cela comptera.

9° Offrez votre amitié à qui en manque

Il est indispensable d'offrir son amitié à ceux qui en ont besoin. Cessez de juger autrui à l'aune des attentes et des schémas de référence qui vous agacent tant vous-même (par exemple, seules les personnes au physique agréable valent la peine que je leur prête attention!). Marqués de cicatrices émotionnelles, obèses, appartenant à une race ou une confession différente, dotés d'une personnalité "différente" (peut-être parce qu'ils traînent une mauvaise image d'eux-mêmes), timides ou dépourvus de confiance en eux, tous gagnent à être connus! Ils ont également été créés à l'image de Dieu. Offrir son amitié à quelqu'un, c'est être soi-même gagnant.

10° Apportez au Seigneur les souffrances et les frustrations que vous causent les ADA

David fit l'expérience du rejet, de l'échec, des relations brisées et d'intenses souffrances. C'était le benjamin d'une famille de huit enfants; il comptait souvent pour quantité négligeable et on le prenait pour une sorte de marginal, juste bon à garder les troupeaux de son père. David s'écria: "Mon père et ma mère m'abandonnent, mais l'Eternel me recueillera" (Psaume 27:10). Il écrivit encore: "Du bout de la terre je crie à toi, le cœur abattu; conduis-moi sur le rocher que je ne puis atteindre" (Psaume 61:3).

Vous rendez-vous compte qu'il existe Quelqu'un vers qui vous tourner, qui vous comprend, qui a connu l'hostilité, la douleur et la colère, et qui a éprouvé la vexation du rejet tout comme la solitude de la souffrance? Son nom est Jésus-Christ, et vous pouvez lui faire confiance.

Dieu nous aide à surmonter ce que nous ne pouvons gérer par nos propres forces. Sa volonté et son objectif pour votre vie visent votre propre bien. C'est le thème du chapitre 7.

6

Ne pouvons-nous pas être simplement amis?

"Celui qui a beaucoup d'amis les a pour son malheur, mais il est tel ami plus attaché qu'un frère."

(Proverbes 18:24)

Le questionnaire était adressé à "l'occupant célibataire de ce logement". De toute évidence, il ne pouvait s'agir que de mon fils. Certaines des questions posées étaient du genre à faire réagir n'importe quel célibataire:

- Vivez-vous une relation sans avenir ou de convenance?
- Avez-vous rencontré des gens qui vous paraissaient au premier abord posséder tout ce que vous pouviez désirer avant de vous rendre compte qu'il en était tout autrement?
- Etes-vous frustré par le rôle que vous devez jouer pour rencontrer quelqu'un de particulier?
- Allez-vous supporter encore longtemps de vous laisser accoster par des hommes dont vous n'avez rien à faire, et qu'il vous faut éconduire poliment, alors que le seul homme que vous mourez d'envie de fréquenter ne vous jette pas un regard?

- Etes-vous emprunté pour savoir que dire à une femme lors de votre première rencontre sans lui donner l'impression que vous la draguez?

Une chose est sûre: les relations sont primordiales. Cependant il arrive que l'on s'intéresse à quelqu'un en tant que personne, en tant qu'ami, et que la démarche soit interprétée comme une avance sexuelle, ce qui n'était pas du tout l'intention. Est-il possible d'entretenir des relations purement amicales avec un membre de l'autre sexe? Faut-il que tous vos amis véritables soient du même sexe que le vôtre? Avant de traiter le sujet, définissons tout d'abord le mot amitié et passons ensuite aux spécificités de chaque sexe.

Gary Inrig raconte l'histoire de deux amis qui s'engagèrent le même jour dans l'armée. Ils furent envoyés ensemble à l'étranger et combattirent côte à côte. L'un d'eux fut grièvement blessé lors d'une attaque adverse. Impossible de se mettre à couvert: il ne pouvait même plus ramper. L'homme agonisait, coincé entre deux feux pendant que les soldats continuaient à se tirer dessus.

En entendant les appels au secours du blessé, son ami décida de partir le chercher, mais le sergent responsable de son unité lui cria: "C'est trop tard. Il n'y a plus rien à faire pour lui, tu réussiras seulement à te faire descendre toi aussi!" Tout en se rendant parfaitement compte que son geste était suicidaire, l'ami du blessé se mit à ramper vers lui.

Il réussit l'exploit d'arriver jusqu'à lui, et on le vit quelques minutes plus tard, rampant et titubant, atteindre la tranchée où se terraient les autres, son ami, mort, dans les bras. Pendant qu'il ramenait le blessé, le soldat avait été touché de plusieurs balles et il agonisait à son tour.

Le sergent, partagé entre colère et émotion, s'exclama: "Quel gâchis! Il est mort, et tu ne vaux guère mieux. Cela n'en valait vraiment pas la peine." Le héros parvenait à peine à respirer, mais il eut la force de s'écrier: "Oh! si, sergent, ça valait le coup. Quand je suis arrivé près de lui, j'ai pu entendre ses derniers mots: 'Je savais bien que tu ne me laisserais pas tomber, Jim!' "[1]

Qu'est-ce qui pouvait mieux illustrer la véracité des paroles de Jésus: "Il n'y a pas de plus grand amour que de donner sa vie pour ses amis" (Jean 15:13)? Vous vous êtes peut-être aperçu que beaucoup de vos connaissances voulaient passer pour vos amis, surtout si vous avez de l'argent et n'êtes pas avare de fêtes avec de la bonne nourriture, mais il y a peu de vrais amis, prêts à risquer leur vie pour vous et à vous offrir leur soutien en toutes circonstances et quoi que vous fassiez.

En réalité, il y a trois sortes d'amis. A un premier niveau se situent les connaissances, qu'on ne fréquente qu'épisodiquement. C'est leur faire beaucoup d'honneur de les appeler nos amis, mais c'est plus pratique. Seulement voilà, s'il vous arrivait de tomber dans la mer, ils ne s'en soucieraient guère et apprendraient la nouvelle en lisant leur journal. Ils verseraient quelques larmes et ne se donneraient probablement pas la peine d'assister à votre enterrement, à supposer qu'ils se souviennent de la date.

A un deuxième niveau figurent ceux que l'on rencontre au cours de la vie sociale: à l'église, à des fêtes, au travail, etc. Quand ils entendent prononcer votre nom, ils se présentent comme étant de vos amis. Mais ils sont de ceux qui vous tourneraient vite le dos si la société qui vous emploie déposait le bilan, si vous étiez impliqué dans un complot visant à renverser le comité directeur de l'école de vos enfants, ou si vous vous faisiez prendre la main dans le sac en train de dérober les bijoux de la couronne d'Angleterre. A l'annonce de votre nom, il seraient alors du genre à dire: "Vous savez, j'avais mes doutes au sujet de cette personne. Elle m'a toujours paru bizarre."

1. Gary Inrig, *Quality Friendship* (Chicago: Moody Press, 1981), p. 71.

Le psychologue Rollo May estime que nous entrons chaque année en contact avec au moins 500, et jusqu'à 2500 personnes nouvelles: collègues de travail, connaissances rencontrées à l'église ou à l'école des enfants, ou encore ceux qui prennent régulièrement le même ascenseur et les voisins d'immeuble. On fait un signe de tête à la caissière du supermarché, à l'employé de la station-service, au facteur ou au médecin, mais on ne pense pas à eux comme à de véritables amis, de ceux qui vous offrent leur soutien en toutes circonstances. D'après le Dr May, parmi cette foule de connaissances, seuls sept en moyenne sont de véritables amis.[2]

Cela nous amène à la troisième catégorie d'amis, qui ne regroupe que quelques personnes. Ce sont les *véritables* amis, les amis intimes, si vous voulez. Ils vous porteront secours en toutes circonstances, même si vous êtes coupable du pire ou avez une sale tête, dans les bons comme dans les mauvais jours. Ils sont toujours là et vous pouvez compter sur eux.

Arrêtez votre lecture un moment, et prenez le temps de faire le compte de vos véritables amis, ceux qui se mettront en quatre pour vous quoi qu'il arrive.

Faites ici la liste de cinq personnes qui répondent à ce critère:

1.
2.
3.
4.
5.

Si vous êtes parvenu à remplir les cinq lignes, vous êtes béni, et si vous avez dix amis de cette qualité, vous devriez hurler

2. D'après une citation de Jerry & Mary White, *Friends & Friendship* (Colorado Springs, CO: Navpress, 1982),p. 33.

de joie. Comme l'a dit l'auteur des Proverbes il y a 3000 ans: "Celui qui a beaucoup d'amis les a pour son malheur, mais il est tel ami plus attaché qu'un frère" (Proverbes 18:24). On n'a jamais trop d'amis de ce genre. Maintenant, reprenez votre liste et entourez le nom de ceux qui sont du même sexe que vous. En reste-t-il que vous n'avez pas entourés?

Comment définir un ami?

Je discutais des conditions de mon prochain voyage avec un agent de tourisme que je n'avais jamais rencontré auparavant. Il ne cessait pourtant pas de me dire: "Ecoutez, si je vous dis cela, c'est par pure amitié; je vous considère comme un ami, voyez-vous, cher monsieur." Pourtant c'était un parfait inconnu, sans doute un brave homme, mais pour autant que je sache, il pourrait tout aussi bien s'être évadé d'un asile d'aliénés ou être fiché au grand banditisme.

Comment définir un ami? J'aime bien la réponse de ce proverbe arabe: "Un ami, c'est quelqu'un sur qui vous pouvez avec confiance décharger tout ce que vous avez sur le cœur, le grain et la paille en même temps, sachant qu'avec les gestes les plus délicats il s'empressera de faire le tri, en gardant ce qui vaut la peine d'être gardé, et qu'il fera s'envoler le reste d'un souffle de gentillesse!"[3] Pas mal, non?

On nous écrit souvent, à Guidelines, au sujet de relations tendues ou brisées. Je me souviens en particulier d'une lettre au ton plaintif, reçue d'un jeune homme qui venait de divorcer. Il disait avoir du mal à s'entendre avec ses collègues de travail et terminait sa lettre par ces mots: "Je donnerais n'importe quoi pour avoir ne serait-ce qu'un ami de confiance!" Cela vous semble-t-il aussi être un peu votre cas?

Je le soupçonne cependant d'avoir une conception de l'amitié qui s'apparente à un héritage: quelque chose qu'il

3. D'après une citation de Walter Knight, *Master Book of illustrations* (Grand Rapids, MI: Williams B. Eerdmans Publishing Co., 1956), p. 237.

s'attendrait à recevoir d'un mystérieux bienfaiteur. Ce n'est pas ainsi que ça se passe. Comme tout ce qui est précieux, les amitiés prennent du temps et ne sont pas exemptes de risques.

L'amitié commence dès lors que l'on se rend disponible pour quelqu'un. On dit parfois: "Pour avoir des amis, il faut être aimable." Est-ce là votre problème? George Patton, célèbre général de la Deuxième Guerre mondiale, était un homme de grande valeur, mais il avait très peu d'amis. L'un de ses biographes parle de lui en ces termes: "Il obtint le grade de général, fut couvert de décorations, mais il ne fut jamais capable de se faire un ami."[4] Qu'il est étrange de constater que ce personnage, ce grand meneur d'hommes, ait été tant respecté mais que personne n'ait été son ami.

Si l'on se montre réservé, que l'on garde ses distances, comment pourrait-on se faire des amis? Bien que ce ne soit pas votre intention, vous avez peut-être une réputation de froideur, on vous qualifie de renfermé. Vous désirez probablement avoir des amis, mais vous n'y parvenez pas. Vous rentrez dans votre coquille, non pas que vous rechigniez à mettre les mains dans le cambouis pour faire le nécessaire, mais parce que vous vous sentez inapte, vous manquez de confiance en vous et vous avez peur d'être rejeté.

Pourtant, il existe quelque part quelqu'un qui partage vos centres d'intérêt, vos pensées et vos idées, et qui meurt d'envie autant que vous d'avoir des amis. L'amitié a ceci d'étrange que deux personnes peuvent être issues de milieux sociaux différents, appartenir à des générations différentes, voire à des cultures différentes, elles n'en seront pas moins attirées l'une vers l'autre et leur amitié jettera un pont entre leurs différences.

Accepter de laisser voir votre vulnérabilité, ingrédient indispensable à toute amitié, suppose de vouloir abaisser le pont-levis sur le fossé de solitude qui vous sépare des autres.

4. D'après une citation de Muriel James & Louis Savary, *The Heart of Friendship* (San Francisco: Harper and Row, 1976), p. 160.

On n'a pas encore trouvé mieux, pour faire entrer quelqu'un, que de lui ouvrir la porte. Tâchez de garder toujours à l'esprit que le monde n'est pas un endroit infesté d'inconnus, mais d'êtres humains comme vous et moi, à la recherche d'amis véritables.

Le ciment de l'amitié

La réalité est toujours plus surprenante que la fiction. Prenez par exemple l'étrange amitié de deux jeunes gens qui avaient tout pour être les pires ennemis. Or, ils développèrent entre eux une amitié comme il en existe peu. L'un fut élevé dans le palais d'un roi, avec tout le luxe qui accompagne un tel statut social. L'autre, un garçon sans instruction aux origines obscures, menaçait de s'emparer du trône. J'ai nommé David et Jonathan.

Leur histoire se trouve dans l'Ancien Testament, au premier livre de Samuel. Gary Inrig dit ceci de David: "Son père ne s'occupait pas de lui et il était détesté de ses frères. C'était le mouton noir de la famille, et il souffrait amèrement de se voir ainsi rejeté et négligé."[5] En dépit de tout, David entretenait avec le Seigneur une relation qui le soutenait aux heures les plus sombres. C'est lui qui écrivit: "L'Eternel est mon berger" (Psaume 23:1). Et aussi: "Car mon père et ma mère m'abandonnent, mais l'Eternel me recueillera" (Psaume 27:10).

Ces deux hommes se rencontrèrent à l'occasion de l'éclatante victoire de David sur le géant Goliath. David fut présenté au père de Jonathan, le roi Saül, et le jeune prince attendit la fin de leur entretien pour faire la connaissance de David. Voici ce qui se passa:

> David avait achevé de parler à Saül. Et dès lors l'âme de Jonathan fut attachée à l'âme de David, et Jonathan

5. *Op. cit.*, p. 48.

> l'aima comme son âme. Ce même jour Saül retint David, et ne le laissa pas retourner dans la maison de son père. Jonathan fit alliance avec David, parce qu'il l'aimait comme son âme. Il ôta le manteau qu'il portait, pour le donner à David; et il lui donna ses vêtements, même son épée, son arc, et sa ceinture.
> (1 Samuel 18:1-4)

Quel attachement! Ils avaient toutes les raisons de devenir des ennemis, et pourtant ils furent inséparables.

Cette improbable et pourtant si puissante attirance entre ces deux hommes dessine un schéma qui va nous permettre de comprendre le sens de l'amitié véritable.

Dans toute amitié, on retrouve les mêmes éléments. Tout d'abord, une *fidélité absolue*. Jonathan aurait pu trahir son ami David et ainsi éliminer un rival de la course au trône. Bien au contraire, il l'aima comme lui-même, selon ce que nous dit la Parole. Loin de trahir David, il le protégea, même au péril de sa propre vie. "Je ferai pour toi ce que tu voudras", lui dit-il (1 Samuel 20:4). Essayez d'obtenir la même réponse de votre meilleur ami la prochaine fois que vous aurez à refaire les peintures chez vous, pour voir.

Deuxièmement, *chacun acceptait l'autre tel qu'il était*, sans essayer de le changer et de faire de lui quelqu'un qu'il n'était pas. Entre eux, point de jugement, et c'est essentiel si vous tenez à garder vos amis. Jonathan n'eut jamais l'idée d'apprendre à David les bonnes manières, ni de lui faire porter les vêtements à la mode à la cour. Le jour où les femmes dansèrent de joie dans les rues en chantant: "Saül a frappé ses mille, et David ses dix mille" (1 Samuel 18:7), Saül fut si jaloux qu'il entra dans une grande fureur, mais Jonathan défendit son ami.

Un autre ingrédient de l'amitié véritable est une *confiance réciproque absolue*. Saül s'était juré de tuer David, et quand la situation devint vraiment critique pour lui, les deux amis firent un pacte, une alliance: David promit sur son honneur de protéger et d'honorer éternellement les descendants de Jonathan, ce qu'il fit plus tard. Jonathan, quant à lui, perça à jour les intentions du roi et transmit ces informations à David, qui put s'enfuir à temps et avoir la vie sauve. Voici comment 1 Samuel décrit la scène: "Jonathan protesta encore auprès de David de son affection pour lui, car il l'aimait comme son âme" (20:17). Quel engagement!

Un autre élément qui fait souvent défaut dans les amitiés de nos contemporains, c'est la *détermination* que mirent ces deux hommes à s'écouter, à s'encourager l'un l'autre et à se porter assistance quoi que cela puisse leur coûter.

Un jour, un de mes amis eut de grosses difficultés personnelles, et il projeta de se suicider tout en déguisant son acte en accident, pour que sa femme touche la rente de son assurance vie. Au moment de passer à l'acte, il retrouva la raison et se dit: "Je ne veux pas en arriver là!" Puis il vint me trouver pour me demander de l'aider.

C'est un avocat, et un bon. Il est capable de vous persuader que le violet prend des nuances de vert lorsqu'il y a des nuages dans le ciel et que les assassins à la tronçonneuse gagnent à être connus. Il est très persuasif.

Je sais aussi qu'il est plus intelligent que moi; je n'ai donc pas essayé de le persuader au moyen d'arguments logiques que son plan n'était pas très malin. Il le savait déjà, d'ailleurs. En tant qu'ami, il ne me restait qu'une chose à faire, celle dont il avait désespérément besoin: je l'ai écouté sans le juger, sans commentaires, lui ai montré ma compassion et ai pleuré avec lui. Je ne pouvais lui être d'aucune autre utilité.

Nous prîmes l'habitude de nous rencontrer autour d'un petit déjeuner une fois par semaine, et je passais tout ce temps à l'écouter, et l'écouter encore. Progressivement, il parvint à se ressaisir et à adopter une nouvelle perspective par rapport à Dieu. Ensuite, son voisin d'en face eut de graves problèmes financiers; il risquait d'y laisser sa maison.

"Puis-je vous rencontrer?" lui demanda-t-il. C'est ainsi que notre association s'enrichit d'un troisième partenaire. Finalement, notre petit groupe grossit et un grand nombre d'hommes se joignirent à nous pour partager leurs problèmes les plus criants et trouver de l'aide. De ces situations inextricables naquirent des amitiés profondes.

Nous avions trois exigences réciproques, des éléments que David et Jonathan avaient en leur temps incorporés à leur amitié:

1. Garder la plus stricte discrétion à propos des confidences que nous nous faisions.
2. Prier sérieusement les uns pour les autres.
3. Mettre en œuvre nos compétences pour nous aider mutuellement.

Proverbes 17:17 dit: "L'ami aime en tous temps", et cela ne fut jamais aussi vrai que dans le cas de l'amitié entre Jonathan et David. La mentalité de notre monde nous amène à nous demander: "Quel avantage puis-je tirer de la situation?" Avons-nous donc à ce point perdu le sens de l'amitié véritable? Avons-nous fini par prendre les gens pour des "actifs" comptables, bons seulement à être utilisés comme marchepieds pour servir nos ambitions ou nos besoins? Bien sûr, nous reconnaissons que c'est ce qui se passe de nos jours. Vous seriez pourtant étonnés du nombre d'hommes et de femmes qui n'attendent que l'occasion de s'engager dans le genre de relations que notre groupe entretenait. Nos contemporains ont un besoin criant de relations de confiance suffisamment fortes et profondes pour porter les fardeaux les uns des autres.

Un dernier élément mérite d'être cité à propos de la relation qui liait David et Jonathan: *des centres d'intérêt communs*. David et Jonathan avaient beaucoup en commun, notamment leur âge, leur intérêt pour le bien-être de la nation d'Israël, leur foi en Dieu, leur engagement à demeurer intègres et honnêtes. Il est fréquent que des amis partagent les mêmes centres d'intérêt – sport, travail, Eglise, la liste serait longue – mais ce n'est pas nécessairement cela qui amène les gens à se lier. Parfois, deux personnes aux centres d'intérêt totalement différents deviennent les meilleurs amis (un jeune et une personne âgée par exemple, ou deux personnes issues de cultures et de milieux différents). Alors ce n'est plus seulement un hobby ou des points communs qui les rapprochent, mais la relation elle-même.

Y avait-il plus que de l'amitié entre David et Jonathan?

Notre société est tellement tournée vers la sexualité que certains prétendent que Jonathan et David vivaient une relation à caractère homosexuel. Aucun indice biblique ni profane ne permet de soutenir une telle affirmation, et si on se souvient de la culture de l'époque, elle est tout aussi inconcevable qu'odieuse. La loi mosaïque interdisait strictement l'homosexualité, et de plus, comme le souligne Gary Inrig, "David n'aurait pas pu être appelé 'l'homme cher au cœur de Dieu' s'il s'était livré à un péché que la Bible condamne de manière on ne peut plus explicite, pas plus que nous n'aurions pu dire à son sujet que 'Dieu était avec lui' (1 Samuel 18:14)"[6].

Ne nous attardons pas sur une idée si saugrenue et poursuivons notre analyse des diverses formes d'amitié.

Ne pouvons-nous pas être simplement amis?

Un sympathisant de Guidelines écrivit un jour: "Cher Dr Sala, chaque fois que j'essaie de commencer une amitié avec une personne de l'autre sexe, elle pense qu'en réalité je lui

6. *Op. cit.*, p. 54.

fais des avances. Cela me gêne beaucoup car ce n'est pas mon intention. Est-il donc impossible d'être simplement amis?"

Si vous aviez à répondre, que diriez-vous? La réponse facile consiste à dire que les hommes et les femmes n'interprètent pas ce langage des signes de la même façon. Alors que vous proposez seulement votre amitié, l'autre interprète votre démarche comme une manière de faire la cour. Vous finissez par *perdre* un ami lorsque vous êtes obligé de dire: "Ne pouvons-nous pas simplement être bons amis?"

Au premier siècle, la frontière était très claire entre les deux sexes. Une femme ne se présentait jamais en public sans être accompagnée de son mari, et hommes et femmes n'avaient guère l'occasion de se fréquenter dans le contexte d'une amitié. C'était bien sûr un fait culturel. Cependant, lisez le Nouveau Testament et vous verrez que Jésus a été l'ami de nombreuses femmes: Marie, Marthe, Marie de Magdala, la Samaritaine au puits de Sychar et bien d'autres encore. C'étaient des femmes qui s'occupaient de l'intendance au cours de ses déplacements, et pourtant rien ne suggère que son amitié ait été interprétée comme autre chose qu'une sincère affection.

Quand Paul écrivit au jeune pasteur d'une Eglise, il lui prodigua des directives très utiles pour développer des relations à caractère non sexuel: "Exhorte les jeunes gens comme des frères, les femmes âgées comme des mères, celles qui sont jeunes comme des sœurs, en toute pureté" (1 Timothée 5:1-2). Ci-dessous, je propose quelques conseils qui en sont la transposition pour aujourd'hui.

1° Soyez sincère et authentique dans vos rapports avec une personne de l'autre sexe

Faites comprendre à l'autre: "Je m'intéresse à toi en tant que personne, en tant qu'être humain, et pas comme objet sexuel ni comme conjoint éventuel." Le mot français "sincère" est formé de deux mots latins, "sine" et "cera", ce qui veut dire "sans cire". A l'époque romaine, les constructeurs étaient en concurrence pour décrocher les contrats lucratifs que représentait l'édification de palais. Si l'un d'eux, peu scrupuleux, écaillait ou fissurait un bloc de granit destiné à une villa ou à un édifice officiel, il masquait la faille avec de la cire plutôt que de remplacer la pierre par une pierre parfaite. Tout le monde n'y voyait que du feu, jusqu'à ce que le chaud soleil d'Italie fonde la cire, révélant le subterfuge; c'est pourquoi on avait coutume d'insérer dans les contrats une clause garantissant que le travail serait exécuté dans les règles de l'art, *sine cera*, sans cire.

Etre sincère avec quelqu'un signifie être ouvert. Vous acceptez l'autre pour ce qu'il est, ni plus ni moins. Votre intégrité est sans faille. Vous n'avez pas d'idées derrière la tête.

2° Veillez à ne pas envoyer de signaux contradictoires

Patrick, étudiant en deuxième année dans une université éloignée de la ville de ses parents, rentrait chez lui tous les étés et, cette année-là, il sortit une fois ou deux avec une fille qui fréquentait la même Eglise que lui, juste pour le plaisir, sans penser à plus. Or, à la rentrée de septembre, il apprit qu'elle venait de s'inscrire dans la même université que lui. Il se dit qu'il pourrait lui rendre service en l'aidant à s'installer et à prendre ses marques dans un environnement qui lui était plus familier qu'à elle, et il se mit en quatre pour lui présenter ses amis. Elle interpréta cette démarche comme le signe qu'il voulait aller plus loin avec elle.

Ce n'était pas du tout le cas. Quand Patrick apprit que son amie ne se serait sans doute pas inscrite à la même université que lui si elle avait su qu'il ne s'intéressait pas à elle, il tomba des nues. Même s'ils avaient été bons amis, la situation devenait embarrassante et tendue. Il ne put faire autrement que de lui dire la vérité en face: il l'aimait bien, c'était une bonne copine, mais rien de plus.

Veillez à ne pas envoyer de signaux contradictoires. Les gestes d'amitié sont parfois interprétés différemment de ce qu'on croit. N'amenez pas quelqu'un à croire que vous avez à son égard plus que de l'amitié si tel n'est pas le cas.

Bien des femmes ont tendance à voir plus de choses qu'il n'y en a réellement dans un comportement. Si un garçon cherche plus qu'une simple amitié, cela deviendra évident avec le temps. En attendant, ne perdez pas de vue qu'une amitié solide représente une fondation sur laquelle une relation plus sérieuse peut être construite.

3° Prenez conscience du fait qu'un véritable ami met l'autre en valeur sans l'étouffer

Quelqu'un peut avoir si désespérément besoin d'amis que, lorsque tout à coup quelqu'un lui offre une amitié sincère, il lui "met le grappin dessus" et s'accroche à lui comme un noyé à une bouée de sauvetage. Cela devient rapidement insupportable. Respectez le jardin secret de l'autre, ne l'étouffez pas. En clair: ne vous attendez pas à être le seul ami de votre ami. Et vous-même, ménagez-vous des espaces de liberté pour construire d'autres amitiés.

4° Intéressez-vous sincèrement aux autres

Tout le monde aime parler de soi-même. Quelques amorces du genre: "Parlez-moi de vous. Voilà plusieurs mois que nous travaillons ensemble et je me rends compte que je ne sais pratiquement rien de vous" mènent souvent à une meilleure compréhension réciproque. On comprend bien mieux les problèmes de quelqu'un si l'on connaît son arrière-plan.

5° Privilégiez les contacts en groupes plutôt qu'en tête-à-tête

Un dîner à trois ne fait pas passer le même message qu'une rencontre à deux. Quand on a une forte attirance pour quelqu'un, le rencontrer au milieu d'autres amis empêche la relation de tourner trop rapidement au tête-à-tête. Cela permet en outre de se sentir plus à l'aise, le temps de faire connaissance.

6° Tenez les engagements que vous prenez

Qu'on puisse dire à votre sujet que l'on peut compter sur vous, que vous savez garder un secret, que vous savez quand parler et quand tenir votre langue, que vous êtes honnête.

Comment préserver une amitié

Une relation platonique, sans motivations sexuelles, peut-elle exister entre deux personnes de sexe opposé? Est-il possible d'être seulement bons amis, en faisant l'impasse sur la différence sexuelle? Absolument, et votre vie se trouvera enrichie de vos amitiés avec l'autre sexe.

Seulement voilà, comment faire pour qu'une amitié ne tourne pas à la romance, si vous n'en avez pas envie et ne faites rien pour suggérer le contraire? Si vous avez l'impression qu'une amitié vous entraîne au-delà de ce que vous jugez approprié, posez-vous les questions suivantes:

1. "Mon amitié vise-t-elle autre chose? Est-ce que j'aime cette personne comme un ami, ou m'intéresse-t-elle d'un point de vue plus sentimental?" Les hommes sont beaucoup plus attirés par l'aspect visuel et physique que les femmes. De ce fait, ils sont plus enclins, après avoir entamé une relation d'amitié, à ressentir une attirance sexuelle qui ira au-delà de la simple amitié.

2. "Cette amitié enrichit-elle la vie de toutes les personnes concernées?" Pour répondre à cette question, il faut examiner les circonstances qui entourent l'amitié en question. Une amitié peut devenir déséquilibrée: la personne que vous considérez comme votre amie exige toujours plus de vous.

Vous avez l'impression de nager en tenant la tête hors de l'eau à quelqu'un qui est en train de se noyer, et vous n'en aurez plus longtemps la force. Pour finir, vous avez l'impression qu'on se sert de vous et cela vous use. Si vous essayez de le dire à votre ami, il risque de le prendre mal, car un véritable ami est effectivement censé offrir une épaule et une oreille compatissantes. Mais il se peut aussi qu'une relation à sens unique soit plus que vous ne puissiez supporter.

3. "Afin que cette amitié ne devienne pas une relation amoureuse, suis-je résolu à éviter de rester seul avec cette personne dans un cadre qui m'exposerait à des tentations auxquelles je risquerais de ne pas résister?" Cela peut impliquer de renoncer à un voyage d'affaires en duo, ou encore de préférer terminer un rapport seul, au lieu de rester dans les bureaux après la fermeture pour y travailler ensemble.

Peut-être vous dites-vous: "Holà! N'est-ce pas pousser le bouchon un peu trop loin?" Pas si votre cadre de référence est celui auquel Paul faisait allusion quand il écrivit: "Abstenez-vous de toute espèce de mal" (1 Thessaloniciens 5:22). On pourrait aussi traduire: "Eloignez-vous de tout ce qui a l'aspect du mal."

Voici donc quelques conseils utiles pour préserver une relation d'amitié qui vous paraît importante.

1° Etre sûr que l'amitié vous est précieuse en tant que telle

Si cela est vrai, vous éviterez de flirter ou d'envoyer des signaux qui disent: "Viens plus près de moi, je me sens si seul." Vous aurez peut-être à expliquer à votre ami que s'il s'intéresse à vous pour une relation dépassant l'amitié, vous l'interpréterez comme du harcèlement sexuel, que ce ne serait pas supportable et menacerait l'existence même de votre amitié.

2° S'habiller en conséquence

Si vous avez des doutes quant à la teneur du message que votre façon de vous habiller envoie à l'entourage, demandez l'avis de quelqu'un du sexe opposé en qui vous avez confiance. Ce qui vous semble seulement à la mode peut en fait être interprété comme une invitation explicite à un genre de relation que vous ne souhaitez pas.

3° Savoir dire non

Si une amitié dépasse les limites que vous estimez souhaitables et que vous n'avez aucune intention de vous impliquer sentimentalement, enlevez poliment la main que l'autre vient de poser sur votre jambe et dites-lui franchement ce que vous espérez. Aussi surprenant que cela puisse paraître, loin de briser une amitié comme on le croit généralement, le fait de savoir dire au bon moment: "Restons-en là" est un moyen de la préserver. Un ami véritable saura respecter vos désirs et les limites qui sont les vôtres.

4° Suivre les directives de 1 Timothée 5:1-2

Le harcèlement sexuel n'existerait pas si les hommes suivaient les directives que Paul transmit à Timothée il y a 2000 ans. Si on s'y conforme, une chaleureuse amitié, sans familiarité excessive, devient possible. Or, du fait de l'atmosphère qui entoure actuellement les contacts les plus anodins, on ne se montrera jamais assez prudent.

5° Communiquer de façon ouverte et honnête

Certains choisiraient de se rouler sur des tessons de bouteilles si cela leur permettait d'éviter une confrontation avec quelqu'un. Dès qu'ils se sentent menacés, ils filent se cacher. Il vaut bien mieux traiter directement les problèmes qui vous préoccupent. Si quelque chose vous ennuie, c'est vous qui décidez du moment, du lieu et de la manière dont vous mènerez la confrontation.

Au lieu de dire: "Tu... tu... tu", il est préférable que vous décriviez vos sentiments: "Je voudrais te faire part de ce que je ressens quand...", et vous réglez alors votre problème comme Jésus nous l'a montré en Matthieu 18:15. Une autre manière de régler la situation, si vous pensez que votre amitié est menacée, consisterait à vous exprimer de la façon suivante: "J'ai un problème et j'ai besoin de ton aide pour le résoudre. Ton amitié m'est précieuse, mais j'ai l'impression que nous sommes en train de nous laisser entraîner plus loin qu'une simple amitié, et je n'y suis pas prêt(e). Veux-tu toutefois m'aider?"

6° S'il se produit un incident fâcheux, ne pas laisser traîner l'affaire

Aussi gênant que cela puisse paraître, la meilleure façon de vous protéger, dans le cadre du travail, consiste à aller sans hésitation dénoncer l'incident à votre supérieur hiérarchique. C'est une forme d'amour qui peut sembler "vache", mais c'est parfois la seule manière de faire comprendre à quelqu'un qu'il y a des limites à ne pas franchir si l'on veut rester votre ami.

Une amitié véritable est un cadeau précieux, il est juste de vouloir la préserver au mieux. Mais si un ami franchit la ligne rouge du convenable, non seulement on perd tout respect envers lui, mais on perd aussi cet ami.

7

Vos décisions et la volonté de Dieu

"Tous les événements de notre vie, les petits comme les grands, sont des paraboles par lesquelles Dieu nous parle; tout l'art de vivre consiste à en comprendre le message."

Malcom Muggeridge

Faute de mieux, un jeune homme accepta un emploi dans une usine d'emballage de cageots d'oranges. Assis toute la journée devant un tapis roulant, il devait répartir les fruits qui passaient devant lui entre trois calibres: petits, moyens, gros. Toute la journée, c'était la même chose: petit, moyen, gros.

Un de ses amis lui dit un jour: "Tu fais vraiment le travail le plus ennuyeux que je connaisse, assis devant tes oranges à les ranger dans leurs cageots."

Le jeune homme répliqua: "C'est là que tu te trompes; c'est peut-être très fatigant, mais je ne m'ennuie pas une seconde. Tu oublies que je dois décider, ce sont toutes ces décisions qui m'épuisent."

Ce constat s'applique-t-il à vous? Nous passons notre vie à prendre des décisions.

La vie était beaucoup plus simple du temps de nos parents. Au restaurant, quand vous commandiez un hamburger et un Coca, c'est ce qui vous était servi. Essayez de passer la même commande de nos jours, et vous entendrez: "Quelle sorte de Coca? Normal, décaféiné, light?" "Comment voulez-vous votre hamburger? Bleu, moyen, bien cuit ou 'carbonisé comme la viande des sacrifices'?" "Votre beignet, vous le voulez à la farine de froment, d'orge ou de seigle?"

Vous avez envie de dire: "Ecoutez, garçon, vous n'êtes pas ma mère, alors je n'ai pas à répondre à toutes vos questions. Je vous ai seulement demandé de me servir un hamburger avec un Coca, s'il vous plaît."

Vous serez d'accord avec moi, la vie est bien compliquée. Que cela vous plaise ou non, tout célibataire doit prendre des décisions concernant son avenir; si vous choisissez de ne rien décider, on tranchera à votre place, et ces "décisions" qui n'en sont pas risquent fort de se révéler désastreuses.

Quelle place Dieu a-t-il dans nos décisions? A-t-il un plan précis pour nous? Ou bien sa volonté s'exprime-t-elle de façon aussi vague que les recommandations de vos parents le jour de votre départ pour l'université: "Bon alors, passe du bon temps, mais fais attention"?

Certains célibataires ont grandi avec la conviction qu'il y a un Dieu et que ce Dieu a un plan pour ses enfants, du moins pour ce qui est des grandes orientations de la vie: le choix d'une carrière et peut-être aussi celui du conjoint. Mais, cela mis à part, ils croient que Dieu les a laissés plus ou moins libres de se débrouiller tant bien que mal et de choisir ce qui leur paraît le meilleur dans le champ miné des relations humaines.

Avant d'adhérer à cette mentalité, regardez donc ce qui se passe autour de vous dans la nature. Levez les yeux, contemplez les étoiles qui peuplent le firmament et prenez conscience de l'immensité des espaces qui contiennent ces corps célestes. Penchez-vous maintenant au-dessus d'un microscope électronique et vous serez frappé de l'importance des formes infiniment petites de la vie, car elles constituent la structure des formes plus élevées.

La nature est un exemple vivant de l'ordre et de la rigoureuse précision qui règnent dans l'esprit du Créateur. Notre planète effectue une révolution autour de son axe toutes les 24 heures, ce qui crée le jour et la nuit. Les saisons rendent la vie plus agréable et sont la conséquence directe de l'inclinaison à 23,5 degrés de l'axe de la terre. L'atmosphère qui la baigne contient exactement 80% de nitrogène et 20% d'oxygène, proportions rigoureusement nécessaires à l'existence de la vie. En effet, si l'atmosphère venait à contenir plus d'oxygène, nous serions consumés. Si elle en contenait moins, nous péririons sur place (dans un état encore plus triste que lorsque le réveil sonne un lundi matin après un week-end bien rempli). Quatre parts de nitrogène pour une part d'oxygène, c'est la proportion idéale. Deux parts de nitrogène pour une part d'oxygène transformeraient l'air que nous respirons en gaz hilarants (pas très drôle comme perspective). Si ces deux gaz se partageaient l'atmosphère en proportions égales, l'acide nitrique qui en résulterait répandrait des vapeurs toxiques qui auraient tôt fait d'anéantir l'humanité.

Je bavardais un jour avec Jim Irwin, l'un des astronautes du vol Apollo 15, alors que nous attendions de passer tous deux dans une émission de télévision, et je lui ai posé cette question: "Dis-moi, Jim, quand tu t'es retrouvé assis au sommet de ta fusée prête à partir pour l'espace, as-tu réfléchi que l'engin avait été construit par des gens qui allaient à leur travail même quand ils n'étaient pas au mieux de leur forme?" Il m'a répondu en riant: "Non seulement j'y ai pensé, mais j'en étais mort de peur!"

Un scientifique a fait la remarque suivante: les éléments d'une fusée se comptent par milliers; à supposer qu'une fusée Saturne soit à 99,999% fiable, il resterait tout de même 518 pièces au sujet desquelles se faire des cheveux blancs. Le cauchemar d'Apollo 13 a démontré ce qui arrive lorsqu'une seule pièce ne fonctionne pas correctement. Il fallut annuler une mission spatiale à cause du dysfonctionnement d'une pièce qui valait à peine un dollar.

La Bible enseigne que non seulement Dieu s'intéresse à notre vie, mais aussi qu'il a une volonté particulière et précise pour nous et notre avenir. Prenez par exemple ces versets: "C'est pourquoi ne soyez pas inconsidérés, mais comprenez quelle est la volonté du Seigneur" (Ephésiens 5:17). Dans la même lettre, Paul écrivit que Dieu "opère toutes choses d'après le conseil de sa volonté" (1:11). Aux Romains, Paul affirma que nous sommes destinés à manifester et discerner "quelle est la volonté de Dieu, ce qui est bon, agréable et parfait" (Romains 12:2).

Je crois savoir ce que vous êtes en train de penser: "Holà! Tout cela marche sans doute très bien pour les autres, mais sûrement pas pour moi." Il se pourrait bien que vous soyez en train de passer à côté d'un point important.

Imaginons que vous me tiriez par la manche à la fin d'un séminaire et que, au moment où j'allais ouvrir la porte de sortie, vous me déclariez: "Harold, il me faut prendre une décision très importante, peux-tu me dire ce que je dois faire?" Alors je vous écouterais aussi attentivement que possible et, à condition d'avoir assez d'informations pour me faire une opinion et à condition que les Ecritures m'indiquent avec assez de précision comment vous répondre, je vous ferais part de mes pensées.

Supposons maintenant que mon fils vienne me trouver et me dise: "Papa, je dois prendre aujourd'hui la plus grande décision de ma vie. Parlons-en ensemble, tu me diras ensuite ce que je dois faire." Alors, même si je dois y passer toute la nuit, je m'efforcerai d'écouter, de peser le pour et le contre, d'analyser toutes les possibilités tout en priant intérieurement de recevoir de la sagesse. Quelle différence remarquez-vous? Ce n'est pas que je vous considère comme quantité négligeable, mais Steve est mon fils, mon fils unique, ma chair et mon sang. Je suis prêt à me faire hacher sur place pour lui.

Vous avez compris l'analogie: quand on croit en Jésus-Christ, on devient le fils de Dieu, adopté dans la famille, au bénéfice de tous les droits et privilèges attachés à ce nouveau statut. On appartient au Père, et le moindre cri d'un de ses enfants lui est de la plus haute importance.

Quand j'ai élevé mes enfants, je leur indiquais sans ambiguïté ce que j'attendais d'eux. Je vous entends déjà vous récrier: "Mais vous étiez un vrai dictateur!" Non, j'étais un père qui aimais mes enfants. M'obéissaient-ils toujours parfaitement? Non, évidemment. Faisiez-vous toujours ce que votre père vous disait de faire? Ils avaient leur propre volonté, et c'est bien la raison pour laquelle les confrontations n'étaient pas rares.

Quelle que soit la volonté du Père, il nous faut faire un choix: vais-je faire ce qui me plaît, ou vais-je d'abord consulter le Père pour qu'il me montre clairement ce qu'il veut pour ma vie – conscient du fait qu'il m'aime et qu'il veut le meilleur pour moi – sans oublier de faire ensuite ce qu'il me demande?

"Car je connais les projets que j'ai formés sur vous, dit l'Eternel, projets de paix et non de malheur, afin de vous donner un avenir et de l'espérance" (Jérémie 29:11).

Comment connaître le plan de Dieu pour nous?

Quand on étudie l'Ancien Testament, on voit que Dieu indiquait ses plans à ses enfants de diverses manières. C'était parfois d'une voix audible, comme lorsque Moïse entendit Dieu devant le buisson ardent. D'autres fois, il donnait des songes et des visions, ou encore envoyait un messager angélique. A d'autres occasions, on tirait au sort en jetant les dés.

Comme ce serait commode si nous pouvions entendre Dieu nous dire de manière audible: "N'épouse surtout pas celui-ci/celle-là. A la même époque l'an prochain, tu feras la rencontre de la fille de tes rêves/de l'homme parfait."

Et si l'avenir nous était révélé dans un songe? Est-il légitime de s'attendre à recevoir une direction divine en rêve? Cela n'engage que moi, mais comment savoir si c'est à cause d'une digestion difficile ou d'une inquiétude particulière que certains de mes rêves virent au cauchemar? Je m'y vois en effet faire des choses que je réprouve absolument et que je ne ferais jamais par choix conscient. Je ne vous conseille donc pas de placer de grands espoirs dans vos rêves. Ne vous attendez pas non plus à ce qu'un ange vienne vous empêcher de vous ridiculiser.

F.B. Meyer voyageait à bord d'un navire qui reliait Londres à Holyhead Harbour en Irlande. Pendant que le navire approchait du port, il était sur le pont. Il savait que la côte était accidentée et que le port avait de hauts fonds. C'est pourquoi il s'inquiéta de savoir pourquoi le navire ne donnait pas signe de ralentir.

"Capitaine, êtes-vous sûr de connaître Holyhead Harbour si bien que cela?" demanda Meyer, ce qui signifiait en clair: "Ne pensez-vous pas qu'il serait plus prudent de ralentir?" "Voyez-vous ces trois lumières devant nous? lui répondit le capitaine en montrant du doigt trois lumières qui brillaient sur la colline dominant le port. Tant que ces trois feux sont alignés devant moi, je sais avec certitude que je me trouve bien au milieu du chenal d'approche."

En rapportant cette expérience, Meyer disait souvent: "Quand nous voulons connaître la volonté de Dieu, demandons-nous toujours si ces trois choses concordent: la Parole de Dieu, les circonstances et la voix intérieure de l'Esprit Saint."

Dans votre vie de célibataire au sein d'une société de couples, vous constaterez que vous pouvez compter sur ces trois repères pour vous indiquer la bonne direction pour l'avenir.

1. Les directives de la Parole de Dieu

Ce que je suis sur le point d'écrire va vous paraître si radical que je vous demande de vous arrêter de lire et de prendre le temps d'y réfléchir avant de décider si vous êtes d'accord avec moi. Je me permets de l'affirmer avec l'autorité que me donnent des années d'études, dont une maîtrise et un doctorat en exégèse, de même que les dizaines d'années d'expérience que je possède dans la relation d'aide. Je me lance: "Pour chaque décision à prendre, la Bible nous fournit une direction de principe ou un précepte (c'est-à-dire soit l'expression directe de la volonté de Dieu, soit un cadre moral et spirituel qui fournit un principe pour nous diriger)."

Prenons les problèmes suivants:

- Dois-je vivre avec quelqu'un qui prétend m'aimer beaucoup mais qui n'est pas prêt à m'épouser?
- Du fait de la pénurie actuelle d'hommes disponibles, puis-je me permettre d'épouser un homme qui n'est pas chrétien?
- Je suis enceinte: dois-je garder le bébé ou, comme me le demandent mes parents, me faire avorter?
- Pourquoi nous priver de relations sexuelles puisque nous avons de toute façon l'intention de nous marier?
- Dois-je parler de mes expériences sexuelles antérieures à mon conjoint, et dans quelle mesure?
- Est-il souhaitable de rester chez mes parents âgés pour prendre soin d'eux?
- Là où j'habite, les hommes se font rares. Pourquoi ne pas quitter mon emploi et aller habiter ailleurs?

La Bible fournit de nombreuses indications spécifiques (on préférerait parfois qu'elles ne soient pas si directes) quant à ces sujets: quelle personne épouser, comment traiter vos parents et leur témoigner du respect, les honorer, sans pour autant sacrifier votre vie personnelle, comment résoudre vos conflits avec votre entourage, comment trouver la paix de l'esprit et qu'attendre de l'avenir.

En revanche, vous n'y trouverez pas de réponse spécifique à *tous* les problèmes évoqués. Cependant, vous découvrirez des *principes* qui vous guideront à l'occasion de toutes les décisions que vous aurez à prendre. Vous ne trouverez peut-être pas le mot avortement dans une concordance de la Bible. Il existe par contre toute une série de versets affirmant la réalité de la vie intra-utérine, ce qui indique dans quel sens va la volonté de Dieu et ce qu'il pense de la vie que porte une femme enceinte.

Rien dans la Bible n'indique si vous devez manger votre hamburger avec toute la garniture d'oignons baignant dans la graisse ou si vous devez préférer une salade verte arrosée d'un doigt de sauce vinaigrette! Par contre, vous lirez que votre corps est le temple du Saint-Esprit, et que lui faire du mal en méprisant ce qui est sain pour lui est aussi déplorable que de l'empoisonner avec de la drogue.

2. Le témoignage intérieur du Saint-Esprit

"Quand vient l'heure de chercher la direction divine, on voit souvent des chrétiens, pourtant engagés, s'y prendre comme des manches, écrivit J.I. Packer, homme de Dieu doté d'une intelligence remarquable. Leur erreur, c'est qu'ils s'imaginent comprendre quelle est la direction divine s'ils ressentent une action intérieure du Saint-Esprit, sans tenir compte de la Parole."[1] Le fait est que le témoin de sa volonté que Dieu place dans notre cœur n'est jamais en contradiction avec la Parole.

Tout le problème consiste à discerner si ce que vous ressentez témoigne de la volonté de Dieu ou de la vôtre. Je pense à l'histoire de ce jeune homme qui avait un urgent besoin d'argent. Après avoir prié, il décida que la meilleure chose à faire était d'aller jouer aux courses. Il acheta un tic-

1. J.I. Packer, *The 1987 Great Commission Handbook*, p. 72.

ket, pria et demanda à Dieu de lui souffler quel cheval gagnerait la course. Il sentit une petite voix lui répéter: "Sept, sept!" Il s'exclama avec enthousiasme: "Message reçu, le Seigneur est en train de me dire de mettre mon argent sur le sept dans la septième!" Ce qu'il s'empressa de faire. Devinez: son favori arriva septième!

Honnêtement, n'y a-t-il pas des moments où vous seriez bien en peine d'affirmer si ce que vous ressentez correspond à un message divin ou si ce n'est que le fruit de votre volonté charnelle? Ne vous est-il jamais arrivé d'avoir du mal à discerner entre la volonté de Dieu et la vôtre, ou entre sa voix et la voix de votre ambition égoïste?

Chaque fois que vous vous demandez si les impressions que vous ressentez au-dedans de vous proviennent du Saint-Esprit, de votre propre esprit ou d'un esprit impur, posez-vous les questions suivantes:

1. Est-ce que je tiens vraiment à ce que Dieu me montre sa volonté? C'est une question fondamentale. Comprenez bien que Dieu ne va pas vous imposer sa volonté. Je pense pouvoir affirmer, d'après l'autorité des Ecritures, que si vous avez un réel désir de connaître la volonté de Dieu, vous pourrez la connaître.

George Müller faisait ses études en Allemagne. C'était un intellectuel qui pensait que la Bible n'était qu'un recueil de fables. Un jour où il était invité à déjeuner chez un ami, il entendit son hôte prier après le repas. Il en fut si profondément ému qu'en arrivant chez lui il se mit à genoux et se convertit au Seigneur. Il décida ensuite qu'il allait mettre les promesses de la Bible à l'épreuve, par la prière. Fut-il exaucé? Dieu donna à ses prières des réponses qui dépassèrent toute explication humaine, ce qui non seulement prouva à Müller que la Parole de Dieu est vraie mais orienta aussi sa vie dans une toute nouvelle direction. Finalement, il fonda plusieurs orphelinats en Grande-Bretagne, et jamais dans sa vie il ne sollicita l'aide de qui que ce soit, sauf de Dieu, qu'il priait d'honorer les promesses de sa Parole en lui envoyant les ressources nécessaires.

Voici ce que Müller écrivit à propos de sa recherche de la direction divine pour les décisions quotidiennes:

> Je commence par me mettre dans des dispositions de cœur telles que je n'ai aucune volonté propre par rapport à ce qui me préoccupe. Le neuf dixième des difficultés que rencontrent les chrétiens tient à cela. Presque toutes nos difficultés sont résolues si notre cœur est prêt à exécuter la volonté de Dieu, quelle qu'elle soit. Quand on a atteint cet état, on a tôt fait de connaître sa volonté.

2. Puis-je affirmer honnêtement que j'ai mis de côté ma propre volonté? Pouvez-vous dire en toute vérité: "Seigneur, que ta volonté soit faite"? Avant de répondre à cette question, il est utile de nous rappeler que Dieu nous connaît tels que nous sommes vraiment. Notre famille et nos amis ne connaissent de nous que l'image que nous leur présentons, mais Dieu connaît même les pensées de notre cœur. Combien de fois nous jouons à cache-cache avec Dieu! Si vous pouvez dire sincèrement: "Oui, Seigneur, je sais dans mon cœur que je suis disposé à laisser ma volonté de côté et à suivre ta direction", la solution n'est pas loin.

3. Suis-je déterminé à accepter sa direction dans ma vie, même si elle est différente de celle que j'aurais préféré prendre? Il est plus facile de réussir ses études par des moyens malhonnêtes qu'en étudiant sérieusement. Il est souvent plus facile de gagner de l'argent par des combines douteuses qu'en étant honnête. Il est aussi plus facile de détourner le regard de ceux qui sollicitent de l'aide que de s'impliquer en leur faveur. Si on est engagé sérieusement à l'égard d'un Père céleste plein d'amour, on peut compter sur la promesse: "Je t'instruirai et te montrerai la voie que tu dois

suivre; je te conseillerai, j'aurai le regard sur toi" (Psaume 32:8).

La volonté de Dieu pourra se révéler différente de la vôtre. Sa volonté ne sera pas nécessairement la solution de facilité, mais en nous montrant sa volonté il nous accorde en même temps la force de faire ce qu'il exige de nous.

Rappelez-vous les paroles de Paul: "C'est pourquoi ne soyez pas inconsidérés, mais comprenez quelle est la volonté du Seigneur" (Ephésiens 5:17). Décider d'accepter la volonté de Dieu est une étape difficile à surmonter, mais tout porte à croire que, dès que vous avez décidé de faire sa volonté, Dieu vous y guidera.

4. Ce que je sens dans mon cœur est-il en accord avec la Bible? Une chose est sûre: parfois, ce que vous ressentirez personnellement sera contraire aux circonstances (qui sont dictées par la logique) mais sera néanmoins cohérent avec ce que Dieu a déjà révélé dans la Bible.

Il est intéressant de remarquer que, dans la Bible, Dieu nous a donné des directives qui s'appliquent à toutes les cultures et tous les peuples, mais que bien souvent elles sont en désaccord avec la société et avec la manière d'agir commune.

Je me souviens de la visite que j'avais rendue à une tribu aux Philippines. Là, quand les jeunes se font la cour et qu'ils veulent avoir une relation sérieuse, ils commencent par faire l'amour. Quand la jeune fille devient enceinte, le couple va consulter le sorcier, et ce dernier leur assure que leur mariage sera fécond et qu'ils font bien de se marier.

Ce n'est pas si différent de ce qui se passe en Europe ou en Amérique: bien des couples vivent en concubinage et se marient suite à une grossesse. La volonté de Dieu sera peut-être contraire à votre culture, et sans aucun doute aux modes du moment, mais elle ne contredira jamais ce qu'il a révélé dans la Bible, la Parole de Dieu.

5. La direction qui me paraît donnée par la voix de l'Esprit de Dieu peut-elle être confirmée par des serviteurs de Dieu qui n'ont rien à voir avec la question et sont donc neutres?

Quand un autre croyant, surtout s'il possède une grande maturité et une grande expérience spirituelles, vous confirme ce qui vous paraît venir de Dieu, cela doit vous encourager dans ce que vous comprenez intérieurement. On n'a pas à demander systématiquement confirmation auprès d'un je ne sais quel "maître à penser" spirituel, mais la sagesse des saints, surtout si vous manquez de maturité spirituelle, peut éliminer l'incertitude et vous aider à faire confiance à Dieu pendant les temps difficiles. Cela permet également d'éviter de s'égarer en adressant ensuite des reproches au Saint-Esprit pour des décisions en fait dictées par la chair.

Cette conviction reçue du Saint-Esprit, suggère Paul Little,

> n'a rien à voir avec les décisions à l'emporte-pièce prises sous le coup d'une émotion, qui un beau jour nous font prendre le premier vol pour Hong-Kong et déménager le lendemain pour nous installer à Chicago. Quand le Saint-Esprit se met à l'œuvre dans notre cœur, nous sentons qu'une de nos convictions se précise, s'approfondit et, tout en prenant en compte d'autres situations, nous avons la conviction intérieure que c'est effectivement la volonté de Dieu pour nous.[2]

Prendre l'avis d'un conseiller spirituel vous aidera à reconnaître la voix de l'Esprit de Dieu. Vous éviterez ainsi de vous faire des illusions qui vous entraîneraient à prendre des décisions que vous pourriez regretter plus tard.

2. Paul Little, "Affirming the Will of God", *The 1992 Great Commission Handbook*, p. 25.

3. Les portes qui s'ouvrent ou se ferment

"Cher Seigneur, demanda un jeune homme dans une prière, accorde-moi d'avoir de la patience, c'est urgent!" Je crois m'entendre. Quand je voulais quelque chose pour le lendemain, j'attendais le lendemain pour exprimer ma requête. Or, Dieu n'a pas la même façon de voir les choses que nous. Il dit que ses voies et ses pensées ne sont pas les nôtres. Cela signifie-t-il que nous ne sommes pas sur la même longueur d'ondes? Effectivement. Doit-on pour autant en conclure qu'il est indifférent aux besoins de notre vie? Absolument pas.

Nous avons des perspectives différentes. Dieu connaît la fin depuis le début. Nous ne voyons que dans l'immédiat. C'est un peu comme si vous regardiez une fourmi en train de grimper sur une planche. Posez votre main sur la planche devant elle. Elle ne verra que ce mur insurmontable en travers de son chemin. Vous, par contre, avez assez de recul pour voir la scène dans son ensemble.

Vous voyez ce que je veux dire? Je suis convaincu que, dans sa grâce, Dieu nous évite certaines situations et nous protège de certaines relations parce qu'il sait, dans sa sagesse infinie, qu'il nous empêche de faire ce qui représenterait la plus grosse bêtise de notre vie. Je ne suis pas en train de vous conseiller de faire ce genre de prière: "O.K., Seigneur, si tu ne veux pas que je mange cet éclair au chocolat, alors fais en sorte qu'il n'y ait pas de place pour me garer devant la pâtisserie."

"Pourtant, j'étais certain que c'était la volonté de Dieu!" Je n'en doute pas. Nous ne pourrons jamais tout comprendre de ce côté-ci du ciel, surtout lorsque nous croyons savoir quelle est la volonté de Dieu et que les choses se passent différemment. Quelques années après votre chagrin d'amour et toutes les interrogations surgies à cette occasion, vous serez peut-être en mesure de vous dire, en regardant en arrière: "Mon amour pour cette personne était très fort, j'ai souffert énormément quand il ne s'est pas passé ce que j'espérais, mais je comprends maintenant que Dieu avait pour moi des plans dont je n'avais pas conscience à l'époque."

A travers les circonstances, Dieu ferme parfois une porte dans notre vie. Malgré la douleur que vous ressentez, tâchez d'y voir l'indice que Dieu a effectivement d'autres projets, bien meilleurs pour vous, et que vous les verrez se réaliser un jour. En attendant, apprenez la patience, et vous découvrirez que Dieu peut vous accorder la grâce correspondant à votre besoin.

Cela implique-t-il que nous devions dire: "Merci, Seigneur, pour mon cœur brisé"? Pas vraiment. Quand Paul écrivit: "Rendez grâces en toutes choses, car c'est à votre égard la volonté de Dieu en Jésus-Christ" (1 Thessaloniciens 5:18), il voulait dire que nous devons remercier Dieu de ce qu'il est assez grand pour tout ce qui nous arrive, de ce qu'il est suffisant.

Passons maintenant à quelques-uns des problèmes que rencontrent les célibataires dans un monde de couples.

La bonne action au mauvais moment

Faire les choses au bon moment est absolument vital dans la vie. Ce n'est pas tant l'élégance du mouvement du joueur de base-ball qui compte, c'est qu'il frappe au bon moment. Les champions de golf savent que l'important n'est pas tant la force de leur coup que la façon dont le club frappe la balle – au bon moment. En matière d'amour et de mariage, la plupart des erreurs proviennent du fait que nous ne savons pas quand faire quoi. Ici encore, il est question du bon moment.

Neuf erreurs sur dix proviennent de notre précipitation. Depuis Abraham, qui voulut donner un coup de pouce à Dieu pour voir plus rapidement se concrétiser sa promesse d'un fils, au couple qui demande: "Pourquoi attendre, puisque nous allons nous marier de toute façon", les questions de timing sont capitales.

L'église "De Oude Kerk" – en néerlandais "la vieille église" – à Amsterdam date du début du 16e siècle. C'est la plus vieille église de la ville. Au-dessus d'une des portes où se réunissaient les préposés aux mariages, on peut lire cette inscription: "Mariez-vous en hâte, vous aurez tout le temps de le regretter." Ce dicton écrit en néerlandais reflète sans doute la nature conservatrice de vieux sages, mais je penche plutôt pour dire qu'ils rappellent la sagesse de Salomon. Bien qu'il ne l'ait jamais dit, il aurait été bien placé pour le dire, car il se maria avec nombre de ses épouses par pur intérêt politique, pratique qu'il eut à regretter amèrement plus tard.

"Mariez-vous en hâte, vous aurez tout le temps de le regretter" est un avertissement utile à n'importe quelle génération. Aucune autre relation n'implique aussi totalement votre vie que le mariage. Si les gens attendaient plus avant de passer devant M. le maire, nombreux seraient ceux qui ne se lanceraient jamais dans l'aventure.

Ceux qui se marient à la hâte se rendent souvent coupables de croyances erronées. Voici quelques-unes de leurs illusions:

Illusion n° 1. "Cela ira mieux après notre mariage." Au contraire, les traits de la personnalité ne font alors que s'amplifier. Un homme gentil et attentionné ne le deviendra que plus, si vous prenez le temps de construire une relation solide. Le mariage ne changera jamais un être égoïste et sans délicatesse en une personne distinguée et prévenante.

Illusion n° 2. "Ce n'est pas vraiment important." Rien n'est plus faux. "Etes-vous tous les deux chrétiens?" C'est une question que je pose souvent quand un couple veut se marier. Ils se regardent un peu étonnés et me répondent: "Nous n'avons jamais évoqué le sujet entre nous!" S'il existe entre vous des différences culturelles ou sociales importantes, vous pouvez vous attendre à passer beaucoup de temps à vous mordre les doigts.

Quand un couple se marie, chacun amène dans ses valises son hérédité, sa culture, ses petites manies et des croyances du genre: "Maman a toujours fait ainsi." Mieux vaut, avant de convoler en justes noces, prendre le temps de savoir ce que contiennent les bagages de votre futur conjoint.

Illusion n° 3. "Pourquoi chercher à tout savoir sur l'autre? Autant ne pas tout savoir, cela fera moins de motifs de s'inquiéter." Faux. On communique d'autant mieux ses émotions et ses sentiments qu'on se connaît mieux, et le mariage a alors plus de chances d'être source de bonheur. C'est un fait avéré: il existe une corrélation certaine entre la satisfaction dans le mariage et la capacité des conjoints à communiquer à un niveau profond et intime. Les parts d'ombre de l'autre devraient vous inquiéter énormément. Ce que vous découvrirez, mais trop tard pour pouvoir y changer quoi que ce soit, risque de vous fournir ensuite matière à bien des regrets.

Illusion n° 4. "Si je ne bats pas le fer pendant qu'il est chaud, je risque bien de ne plus avoir d'autre occasion de me marier." Faux encore. Ecoutez le témoignage d'une femme qui a appris cette leçon à ses dépens: "Cher Dr Sala, je suis absolument d'accord avec vous quand vous dites qu'on doit attendre que Dieu nous présente notre conjoint. J'ai été trop pressée et je vais en payer les conséquences toute ma vie."

Illusion n° 5. Ceux qui se jettent tête baissée dans le mariage s'imaginent qu'on vit très bien d'amour et d'eau fraîche. "On s'aime, et cela suffit" est l'expression classique. Ils croient que l'amour est une émotion qui provoque d'agréables poussées d'adrénaline et n'ont pas encore compris que l'amour est avant tout une décision, un engagement de prendre soin de l'autre, quelle que soit la température du cœur. Le véritable amour ne fait que croître et embellir au fur et à mesure que se creusent les rides sur le front et que les tempes grisonnent. Prenez votre temps, voilà l'un des conseils les plus utiles de votre vie.

Mais, si j'attends trop longtemps, je risque de laisser passer ma chance!

Désolé, mais je pourrais vous demander: "Laisser passer quelle chance?" La chance d'avoir le cœur brisé, de vous retrouver comme deux étrangers qui ne seront jamais unis spirituellement? La chance d'aller seul au culte tous les dimanches? La chance de subir des abus de toutes sortes? La chance d'attendre désespérément que votre conjoint se montre plus communicatif et proche de vous? Franchement, non merci.

S'il est une chose pire que le célibat (si du moins vous considérez que le célibat est détestable), c'est un mariage mal assorti. Prenez par exemple cette lettre que j'ai reçue: "Dr Sala, votre enseignement implique que Dieu veut donner un conjoint. Comment dire une chose pareille? J'ai une amie qui a suivi vos conseils: elle a attendu que Dieu lui présente son mari et elle a refusé de nombreuses propositions. Aujourd'hui, c'est une vieille fille de soixante ans pleine de rancœur contre Dieu."

On constate parfois une pénurie d'hommes chrétiens susceptibles de se marier. Des milliers de jeunes filles émigrent des Philippines pour s'installer aux Etats-Unis, où elles touchent des salaires bien supérieurs à ceux de leurs collègues restées au pays. Elle préféreraient naturellement épouser un homme d'une culture compatible avec la leur, donc des Philippins qui partagent le même système de valeurs et la même conception de la vie. Or, la politique d'immigration est ainsi faite qu'il entre aux Etats-Unis bien moins d'hommes que de femmes. Cela ne manque pas de provoquer des frustrations chez ces femmes. "Que faire?" demandent-elles.

Elles ont le choix entre trois options:

1. Revenir au pays, où elles sont sûres d'avoir des contacts avec un nombre infiniment supérieur d'hommes qui correspondent aux critères nécessaires pour un mariage réussi.
2. Changer d'emploi et aller s'installer ailleurs (en courant le risque de se retrouver avec exactement le même problème).
3. Prendre conscience que si elles travaillent et vivent là où elles se trouvent, c'est qu'elles sont dans le plan de Dieu pour elles, du moins pour l'instant, et doivent lui faire confiance pour répondre à leurs besoins.

Dieu a-t-il un plan pour ma vie et un conjoint qui s'inscrive dans ce plan?

Je me refuse à affirmer quoi que ce soit qui ne serait pas clairement dit dans les Ecritures, et croyez-moi, on n'y trouve même pas en filigrane l'idée qu'un conjoint s'inscrive dans les plans de Dieu pour chacun de nous. En revanche il a clairement promis de répondre à nos besoins, "selon sa richesse, avec gloire, en Jésus-Christ", comme le dit Paul en Philippiens 4:19.

Que vous ayez besoin d'un conjoint est une affaire qui ne regarde que vous et Dieu. Mais je peux vous raconter l'histoire de plusieurs personnes qui ressentaient ce besoin et pour lesquelles Dieu a pourvu.

Dave Morrow est convaincu qu'on peut toujours avoir confiance que Dieu pourvoira, à condition de faire ce qu'il veut. Dave passa sa jeunesse avec des parents missionnaires en Afrique et, après ses études à la faculté de théologie, il prit la direction d'une Eglise tout en continuant à chercher celle qui pourrait partir en Afrique avec lui. Tous les dimanches, ses yeux parcouraient la congrégation dans l'espoir de voir un nouveau visage féminin. En désespoir de cause, il vint me consulter:

– A votre avis, que dois-je faire?

– Quel est selon vous le plan de Dieu pour votre vie?

– Je pense que Dieu me veut en Afrique, répondit-il.

– Alors il ne vous reste plus qu'à vous mettre en route vers ce pays.

La S.I.M., mission pour laquelle travaillait Dave, avait besoin de lui pour servir dans une région reculée, quelque part du côté d'Addis Abeba. "L'endroit idéal pour trouver une épouse!" raillaient les gens. Dave accepta néanmoins de s'y rendre.

A la même époque, une infirmière australienne se sentit appelée par Dieu à s'engager dans la mission pour le domaine médical. Célibataire, elle espérait faire la rencontre de quelqu'un qui partage sa conception de la médecine missionnaire. Elle n'avait jamais rencontré quelqu'un qui ressemble même de loin à ce qu'elle attendait. Elle finit par s'engager dans la même mission que Dave. On lui proposa de servir dans une région fort reculée, dans les environs d'Addis Abeba. Famille et amis lui assurèrent: "Si tu pars là-bas, tu ne pourras que finir vieille fille." Elle jugea cependant plus important d'obéir à la volonté de Dieu que de "trouver chaussure à son pied", fit ses bagages et s'envola pour l'Afrique. Vous avez déjà compris qu'ils tombèrent amoureux et se marièrent. Ils auraient tout aussi bien pu manquer ce que Dieu avait de meilleur pour eux, s'ils avaient préféré prendre quelques longueurs d'avance sur lui.

John et Shannon Haslett peuvent confirmer cette vérité. Après quelques expériences de séjours missionnaires de courte durée, ces deux célibataires acceptèrent tous les deux de partir en Afrique avec Jeunesse en Mission. "De quelle ville êtes-vous originaire?" demanda John la première fois qu'ils se rencontrèrent. Elle venait de la même localité que lui. Il s'exclama: "C'est incroyable! Et dans quel quartier habitiez-vous?" Quand elle le lui dit, il s'écria: "Mais c'est exactement là que j'habitais moi aussi!" Croyez-le si vous voulez, ils habitaient tous les deux le même grand ensemble, dans la même rue de la même ville, mais il leur avait fallu faire 10'000 km pour se rencontrer, tomber amoureux, se marier et fonder une famille.

Et si par malheur j'étais passé à côté du plan de Dieu le jour où...?

Il y a peu de temps, j'ai été invité un dimanche matin comme orateur dans une Eglise. Je roulais tranquillement sur l'autoroute, au son d'une belle musique. Ma tasse de café était posée à côté de moi près du levier de vitesse, et je louais Dieu pour ses bontés. Bref, je passais du bon temps.

Soudain, je sentis quelque chose de chaud sur la jambe de mon pantalon. Mon café venait de se renverser complètement, le tapis de la voiture était trempé et le liquide était en train de grimper par capillarité le long de mon pantalon. C'était une attaque. Sans m'arrêter, j'ai déniché un chiffon et j'ai voulu essuyer le café. Quand j'ai de nouveau regardé la route, je me suis rendu compte que j'avais dépassé de cinq kilomètres la sortie que j'étais censé emprunter.

J'avais tout raté. Qu'ai-je fait? Ai-je écrasé la pédale de freins et roulé en marche arrière sur cinq kilomètres dans le mauvais sens? Jamais de la vie! Je me suis garé et me suis demandé: "Comment vais-je m'y prendre pour me rendre là-bas à partir de l'endroit où je suis maintenant?"

Voilà la question qu'il faut se poser quand on prend conscience que quelque part le long de la route – par une belle nuit passionnée où votre bon sens s'était mis en congé, le jour où votre cerveau est parti boire un verre en passant par votre oreille gauche et n'est jamais rentré à la maison, la fois où vous avez eu envie de croire aux sornettes que vous susurraient vos hormones – on a manqué le plan de Dieu.

Et il faut dire aujourd'hui: "Je le reconnais, Seigneur, j'ai eu tout faux. Je le confesse. Je désire ton pardon, et je veux que tu me montres comment aller là où tu veux que j'aille pour le temps qu'il me reste à vivre."

Et si je ne sais toujours pas que faire?

Dans ce cas, il ne reste qu'une chose à faire. Demandez-vous: "Qu'est-ce que Dieu veut que je fasse *aujourd'hui*?" Alors ne tardez pas à exécuter ses ordres. Quand j'avais environ vingt ans et que je cherchais quel était le plan de Dieu pour ma vie, Paul Finkenbinder me fit la réponse que voici: "La volonté de Dieu ressemble au faisceau de la torche d'un spéléologue. Il éclaire droit devant lui, il ne tourne pas dans les coins. Il ne va pas assez loin pour révéler où se trouve la cavité suivante; il ne montre que l'endroit où poser le pied pour le pas suivant."

Ce qui compte n'est pas nécessairement: "Quelle est la volonté de Dieu pour moi dans cinq ans?" mais: "Que dois-je faire pour obéir à Dieu pendant les cinq minutes qui suivent?"

Ne passez pas à côté de vos responsabilités d'aujourd'hui parce que vous aurez trop réfléchi aux grandes questions que vous vous posez au sujet du lendemain. Si vous savez dans quelle direction faire le pas suivant – même un tout petit pas – faites-le.

Certes, Dieu est rarement en avance, mais il n'est jamais en retard. Corrie ten Boom raconte que, toute jeune fille, elle devait parfois prendre le train, et son père attendait toujours la dernière minute avant le départ pour lui tendre son billet. Ayez confiance que Dieu vous donnera le billet du bonheur et de la réussite d'aujourd'hui, et laissez-lui le soin du lendemain. Relisez Ecclésiaste 3:11: "Il fait toute chose belle en son temps; même il a mis dans leur cœur la pensée de l'éternité, bien que l'homme ne puisse pas saisir l'œuvre que Dieu fait, du commencement jusqu'à la fin."

8

Si vous quittez les rangs des célibataires

"Ouvrez grand les yeux avant le mariage, à moitié ensuite."

Benjamin Franklin

Ouvrir grand les yeux avant le mariage est un bon conseil, fondé sur le nombre croissant de mariages malheureux de nos jours. Le problème, c'est que les gens s'imaginent connaître la personne qui avance à leurs côtés dans l'allée, mais une fois passée la lune de miel, ils se réveillent un beau jour et se disent: "Cette personne près de qui je dors n'est pas celle que j'ai épousée. J'habite avec un parfait inconnu, et il va falloir que cela cesse bientôt!"

Une de mes connaissances était en voyage, et il remarqua que l'homme assis sur le siège en face de lui dans l'avion portait sa bague de mariage sur le majeur, plutôt étrange quand on sait que la majorité des hommes la portent sur l'annulaire (vestige d'une ancienne coutume basée sur la croyance qu'une veine reliait ce doigt directement avec le cœur).

– Je vous prie de m'excuser, je sais que cela ne me regarde pas, mais puis-je vous demander pourquoi vous ne portez pas votre bague sur le bon doigt?

– Je vais vous le dire: je n'ai pas épousé la bonne jeune fille!

Avant de prononcer le fameux "oui", posez-vous dix questions qui vous aideront à savoir si votre relation contient tous les ingrédients nécessaires à un mariage réussi. Il est d'autant plus indispensable de prendre le temps de le faire si vous êtes engagé dans une relation qui devrait se transformer en mariage.

1° Partageons-nous la même foi en Jésus-Christ?

Aussi étonnant que cela puisse paraître, bon nombre de couples ne confrontent même pas leurs conceptions de Dieu à l'approche du mariage, pas plus qu'ils ne discutent de l'Eglise qu'ils fréquenteront ou du rôle que Christ joue dans leur vie. Or, votre conception de Dieu et votre engagement de vivre selon la Parole de Dieu influencent tous les autres aspects de votre vie: votre méthode d'éducation, votre éthique dans les affaires, et même la façon dont vous célébrez l'amour qui existe entre vous.

– Il faut que tu sois au courant de quelque chose avant notre mariage, confia à sa fiancée un jeune homme, juste avant la cérémonie.

– De quoi donc, mon chéri? répondit la jeune femme.

– Je suis insomniaque, lui avoua-t-il.

Devant cette révélation, elle prit quelques instants de réflexion avant de décider: "Ce n'est pas gênant, toi tu iras au culte dans ton église et moi dans la mienne!"

Sous l'emprise de la passion amoureuse, on n'a guère envie de se demander quelle influence – positive ou négative – aura la foi sur les ajustements nécessaires à la vie commune. Dieu savait que si deux personnes ont le même niveau d'engagement spirituel, leur relation amoureuse est bien plus profonde. C'est la raison pour laquelle Paul écrivit:

"Ne vous mettez pas avec les infidèles sous un joug étranger. Car quel rapport y a-t-il entre la justice et l'iniquité? ou qu'y a-t-il de commun entre la lumière et les ténèbres?" (2 Corinthiens 6:14).

En donnant ce conseil, Paul avait à l'esprit la loi qui, à l'époque, interdisait d'atteler ensemble un bœuf et un âne pour tirer une charrue (voir Deutéronome 22:10). Ces deux animaux sont de forces et de tempéraments différents. De même, si deux époux ont non seulement des points de vue spirituels différents, mais en plus des niveaux différents d'engagement spirituel, ils vont mal ensemble sous le même joug et cela leur causera de sérieux problèmes. Que l'un aille à l'église tous les dimanches pendant que l'autre fait la grasse matinée n'est pas le plus grave. Le problème n'est même pas que l'un tienne à rendre grâces avant de manger et que l'autre lui dise: "Est-il vraiment nécessaire de prier à tous les repas comme des fanatiques religieux?" Il y a bien plus grave: leur façon de voir la vie n'est pas la même, leurs perspectives sont différentes.

2° Qu'avons-nous en commun?

La réponse doit-elle prendre en compte la musique, les arts, le sport, la littérature, les activités diverses, l'engagement à l'Eglise ou dans le service chrétien? Une fois la lune de miel passée, ce sont vos centres d'intérêts communs qui serviront de ciment à votre union et la garderont saine et vibrante d'amour. Le côté romantique doit bien sûr garder toute sa place, mais un bon mariage a besoin d'autres ingrédients que les relations sexuelles pour bien marcher. Ce sont les centres d'intérêts que vous partagerez qui vous permettront d'avancer d'un même pas. Si deux individus ont eu de l'attrait l'un pour l'autre du fait qu'ils étaient tous deux issus de familles dysfonctionnelles, épouser une autre personne malheureuse leur apportera rarement le bonheur. La tristesse finit par devenir contagieuse et ne fait que croître et embellir dans le couple.

Il existe un autre problème à ne pas négliger: les contraires s'attirent, mais trop de divergence finit par repousser.

- Il aime la musique folk, elle ne jure que par le classique.
- C'est un accro du sport, la vue d'une bande d'hommes en sueur qui s'encouragent les uns les autres provoque immanquablement chez elle un sourire de commisération.
- Il aime le grand air, elle trouve sympathique d'assister à un concert en plein air, mais c'est tout.
- Il tient à dormir toutes fenêtres fermées, elle ne peut s'endormir que dans les courants d'air.
- Il trouve ridicule de se retenir de roter en public, à chaque fois sa femme se hérisse.
- Il ne prend pas la peine d'anticiper au-delà du lendemain, elle ne peut vivre sans son agenda, qu'elle consulte religieusement à tout instant.

Nous avons parfois de l'attirance pour quelqu'un du fait que ses points forts se situent justement là où sont nos points faibles. "Quelle équipe formidable nous ferions", pense-t-on. Malheureusement, vivre avec quelqu'un de fondamentalement différent n'a rien d'aisé. Au cœur de votre relation, il est indispensable qu'existent des points communs assez forts pour vous aider à supporter vos différences respectives.

3° M'est-il possible d'aimer cette personne telle qu'elle est aujourd'hui?

Formulée différemment, cette question revient à demander s'il vous faudra changer cette personne de fond en comble pour qu'elle soit à votre goût. Supporterez-vous l'idée de vous réveiller tous les matins à ses côtés?

Si vous vous imaginez que le mariage va transformer un individu égoïste et négligent en une personne délicate et attentionnée, aux petits soins pour vous, vous faites lourdement erreur. Voici un bon principe: "Pareil demain qu'aujourd'hui, mais à la puissance dix." En clair, si quelqu'un se montre attentionné et délicat avant le mariage, il ne le sera que plus ensuite. S'il a tendance à se servir de vous et à vous humilier avant, ce sera pire encore après le mariage. Le mariage ne fait qu'intensifier les qualités et les défauts de chacun.

Si, avant le mariage, l'amour que vous porte la personne que vous fréquentez n'est pas assez fort pour provoquer en elle des changements significatifs et authentiques sur les points qui ne sont pas négociables, de votre point de vue, n'espérez pas voir se produire ces changements après. J'insiste sur le mot authentique, car il est si facile pour certains, les hommes en particulier, de donner le change en se faisant passer pour tels que l'autre les souhaite! Mais ce n'est qu'une comédie et ils auront tôt fait de montrer leur vrai visage une fois le mariage consommé.

En revanche, les sociologues qui travaillent auprès des délinquants ont constaté que l'amour d'une jeune fille constitue une des motivations de changement les plus fortes, qui produit des transformations durables. C'est la puissance du véritable amour.

4° Qu'est-ce qui m'attire chez cette personne?

Suis-je attiré par sa beauté intérieure? Ou plutôt parce qu'elle est belle et riche? Ou parce qu'elle a une silhouette élancée et un charmant sourire? Ou suis-je attiré parce que cette personne rayonne d'un je-ne-sais-quoi bien plus profond que son physique, et que je me sens devenir meilleur en sa compagnie?

Vous connaissez peut-être le vieux dicton: "La beauté est passagère", auquel un macho ajouta un jour: "Oui, mais la laideur est éternelle!" Les deux sont vrais, dans un sens différent. Avoir un physique attirant n'est pas nécessairement ce qui peut vous arriver de mieux, à moins que vous ne pensiez que le mieux consiste à sentir les regards des autres sur vous. L'une des filles les plus belles que j'aie jamais rencontrée a fini par se suicider à l'âge de 25 ans, suite à trois mariages malheureux. "Aux yeux des hommes, je ne suis qu'un objet sexuel", confiait-elle tristement.

Avant l'invention du vaccin contre la variole, Blaise Pascal écrivit: "Si un homme aime une femme pour sa beauté, l'aime-t-il en fait? Non, car survient un jour la variole qui emporte la beauté de sa femme, et c'en est fini de son bel amour."

Je peux me vanter d'avoir presque quarante ans de mariage, ce qui m'autorise à affirmer en toute franchise que si vous aimez vraiment votre conjoint, il deviendra de plus en plus beau au fil des années.

– Aimeras-tu toujours autant ta femme quand elle aura vieilli et pris des cheveux blancs? me demanda un jour un ami.

– Ça ne devrait pas poser de problème, elle a déjà changé de couleur cinq fois et je l'aime toujours autant.

Une attirance de cette qualité, voilà ce qui conduit les maris à pousser la porte de leur foyer tous les soirs.

5° Nous complétons-nous, nous enrichissons-nous mutuellement, ou notre relation est-elle à sens unique?

Il est temps de se poser cette très importante question dès que votre relation passe de la simple amitié au niveau plus intime d'une complicité mutuelle.

Un joueur de golf rentra un soir très en retard au club, et on lui demanda pourquoi la partie avait duré si longtemps. "Eh bien! Vous connaissez Georges, c'est mon meilleur ami. Il a été foudroyé par un infarctus au septième trou, alors à partir de là c'était: j'envoie la balle, je tire Georges derrière moi, j'envoie la balle, je tire Georges derrière moi, pendant tout le parcours jusqu'ici."

Je connais des couples qui vivent cela tous les jours. L'un des deux envoie très loin la balle, puis il lui faut constamment tirer l'autre pour le faire avancer. Une telle force émotionnelle est bien sûr admirable de la part de celui qui fait durer ainsi son mariage, mais je ne peux que déplorer l'immense perte d'énergie émotionnelle que cela représente pour le plus fort des deux. Je ne peux m'empêcher non plus de penser combien cette personne aurait été plus heureuse si elle avait épousé quelqu'un d'autre ou était restée seule.

Il est bien sûr trop tard pour ceux qui ont déjà épousé le genre de personne que je viens de décrire. Mais que ceux qui en sont encore à envisager le mariage ne négligent pas de faire le bilan. Votre fiancé(e) épanouit-il/elle votre personnalité? Fait-il/elle ressortir le meilleur de vous-même? Ou n'est-ce qu'un boulet qui pompe toute votre énergie et vos forces émotionnelles?

Marthe a fait la rencontre de Jean lorsqu'ils travaillaient dans le même restaurant. Ils ont constaté qu'ils fréquentaient la même Eglise mais n'avaient pas eu l'occasion de se voir dans ce cadre. Marthe savait que la santé de Jean n'était pas excellente, mais ils étaient bons amis. Leur relation s'approfondit, et Jean fait sa demande en mariage. Ce n'est que ce jour-là qu'il lui avoue qu'il a contracté le SIDA et que cela pèsera lourd dans leur vie à venir.

Elle trouve bien sûr qu'il lui a joué un sale tour d'attendre qu'elle soit amoureuse de lui pour avoir la franchise de lui dire la vérité, mais elle constate que ses sentiments sont intacts. Elle a le choix. Soit elle lui lance: "Dis donc, tu m'as trompée, je ne peux laisser passer ça!", soit elle lui dit: "Je t'aime et j'accepte de supporter les conséquences de ton état."

Pour prendre sa décision, Marthe aura besoin de conseils et devra bien réfléchir, car dans cette relation c'est elle qui prendra soin de l'autre bien plus que l'inverse. Sa propre santé et son avenir sont en jeu.

Que ce soit dans les domaines de la santé, des habitudes, des petites manies ou simplement de l'attitude par rapport à la vie, demandez-vous si l'autre vous apparaît comme complémentaire ou si vous devez sans cesse l'aider à sortir de sa dépression ou de ses ennuis.

6° Partageons-nous la même compréhension de l'engagement?

Nous sentons-nous tous les deux engagés par notre parole quand nous prononçons les mots: "Je te prends pour légitime époux/épouse jusqu'à ce que la mort nous sépare"? Ou comprenons-nous plutôt: "Je te prends... tant que nous serons tous les deux d'accord", engagement qui ne résiste pas beaucoup plus longtemps que la lune de miel? Quand j'anime des séminaires de préparation au mariage, je pose souvent cette question: "A votre avis, quel est l'ingrédient le plus important dans une relation de couple?"

La plupart répondent: "L'amour!"

Alors je leur dis: "Je regrette mais, dans ma liste à moi, l'amour ne vient qu'en troisième position, derrière l'engagement et la communication." Voici pourquoi: sans un engagement profond et irréversible, les couples ne prennent pas la peine de communiquer entre eux assez profondément et intimement, et sans une communication satisfaisante, l'amour ne peut que s'étioler et disparaître.

Il ne faut rien moins qu'un engagement "vécu", qui dit en substance: "Dieu nous a unis, et qu'il pleuve, vente ou neige, peu importe quels problèmes nous rencontrerons, nous trouverons le moyen, tant bien que mal, de faire confiance à Dieu pour nous donner la solution."

C'est le style d'union où briser le foyer n'est même pas envisageable. Le divorce n'a rien d'une technique de résolution de problèmes. Bien au contraire, si vous avez une personnalité difficile ou si vous manquez de maturité mais pas d'égoïsme, passer d'un partenaire à l'autre ne résoudra rien, car c'est vous qui devez changer.

Dès lors qu'on ne se sent plus engagé envers l'autre, on cesse d'entretenir la relation coûte que coûte, et on se permet d'envisager des "solutions" que Dieu n'a jamais mises au programme.

7° Sommes-nous issus de milieux familiaux compatibles?

"Mais je ne vais pas épouser sa famille, c'est elle que j'épouse!" En réalité, vous épousez les deux. Quand deux personnes sont devant M. le maire, elles se tiennent d'une main et, de l'autre, chacun tire un gros sac rempli de son hérédité, ses petites manies et son caractère, et quelquefois de tout un barda émotionnel qui remonte à l'enfance et dont on se passerait volontiers. Il n'empêche que c'est tout cela qui déterminera si vous vous entendrez ou non.

Au cours des dernières années, j'ai aussi eu l'occasion de réaliser que les mariages interculturels, même si les deux époux sont croyants, suscitent des problèmes qui ne sont pas sans ressemblance avec le couplage, évoqué à la première question, de deux animaux incompatibles sous le même joug. La première fois que j'ai eu à y faire face, j'étais au Libéria, pays créé à l'époque où James Madison, alors président des Etats-Unis, envoya des esclaves d'Amérique en Afrique dans le but d'y fonder une colonie.

Quand les Libériens venaient faire leurs études aux Etats-Unis, ils rencontraient des femmes afro-américaines et les ramenaient avec eux au pays. Le taux d'échec de ces unions dépassait les 90%. Ils avaient pourtant les mêmes racines, parlaient la même langue. Pourquoi tant d'échecs?

L'explication classique était: "C'est une question de culture!" Les familles libériennes rejetaient la mariée en disant: "Tu ne peux pas nous comprendre, tu n'as pas été élevée ici." Ces femmes américaines éprouvaient d'extrêmes difficultés à s'intégrer dans une culture si différente.

Qu'on ne se méprenne pas: je ne suis pas en train de dire que les mariages interculturels sont à ranger dans le même sac que les mariages entre croyants et incroyants. Ce que j'affirme, en revanche, c'est que les relations interculturelles souffrent des différences d'habitudes, de mentalités, de coutumes et de traditions. Si vous envisagez un jour d'épouser une personne issue d'une culture différente, prenez le temps de vous interroger sur chacun de ces points.

Quand un Américain se marie avec une Philippine, j'insiste auprès de la personne de nationalité américaine sur le fait qu'elle n'épouse pas seulement son futur conjoint, mais toute une famille. Les vœux de mariage devraient se prononcer ainsi: "Je te prends, toi, ta mère, ton père, ta parenté et tes amis, pour légitime époux/épouse." Les Philippins se sentent des responsabilités infiniment plus grandes à l'égard de leur famille que les Américains.

Totalement inconscient de ce fait, un Américain se marie et fonde son foyer en Amérique. Il voit bientôt débarquer la famille de sa femme, qui s'installe pour une longue période, et son impatience grandit chaque jour. Il n'a plus qu'une envie, voir tous ces gens débarrasser le plancher de son foyer. Sa femme, elle, est aux anges. Elle sait que cette responsabilité réciproque fait partie de son engagement envers ses parents et envers le cercle plus large de la famille. C'est alors que le torchon brûle.

Les problèmes des mariages interculturels, cependant, ne se limitent pas à la question de savoir combien de temps les parents comptent rester encore. La relation de couple elle-même peut devenir problématique, car ce qui se fait, et surtout ce qui ne se fait pas, diffère selon les cultures.

Nous traversions un jour, Darlene et moi, la verdoyante campagne autrichienne, et nous sommes parvenus à l'endroit où le Danube et l'Enns se rejoignent: deux cours d'eau puissants charriant des masses d'eau impressionnantes. Nous nous trouvions au point de rencontre et voyions que l'eau était agitée de tourbillons aussi loin que portait le regard. Au fur et à mesure que les eaux se mélangeaient, elles se calmaient et coulaient plus paisiblement en aval. Il en est de même d'une relation.

On n'en a pas toujours conscience, mais quand deux vies se rencontrent, ce sont deux hérédités, deux milieux qui se mélangent. C'est un choc des natures et des cultures. La Bible dit: "Ils deviendront une seule chair" et non: "Ils sont une seule chair." Ce devenir prend du temps et implique de s'engager à donner autant qu'à recevoir, sans dire: "Tu donnes et moi je reçois."

Demandez-vous si vos familles semblent partager les mêmes valeurs, la même classe socio-économique, des habitudes et des ambitions similaires.

Les funérailles les plus tristes que j'aie eu à présider furent celles d'une jeune femme de vingt-huit ans environ qui venait de se suicider. N'ayant jamais rencontré son mari auparavant, je supposai qu'elle était déprimée et anxieuse. "Depuis combien de temps votre femme était-elle malade?" demandai-je. "Elle n'était pas du tout malade, me répondit-il. Elle savait exactement ce qu'elle faisait."

Il m'expliqua alors qu'il était issu d'une famille très riche, tandis qu'elle venait d'un milieu modeste. La famille du jeune homme n'avait jamais pu accepter son épouse, car elle la méprisait de provenir d'une classe inférieure à la leur. "C'est plus qu'elle n'en pouvait supporter", raconta-t-il avec une grande tristesse.

A l'enterrement, lorsque les proches défilèrent devant le cercueil ouvert, la famille du jeune homme ne daigna même pas jeter un coup d'œil au visage de la jeune mariée qui y gisait, de fait la victime directe de leur snobisme et de leur indifférence.

Ils ont eu de la chance que je ne sois pas Dieu, car ils ne seraient pas sortis vivants du cimetière si j'avais été de service ce jour-là.

Je le répète, je n'ai pas dit qu'il était interdit que votre prince charmant soit né avec une cuillère en argent dans la bouche, mais si tel est le cas, je vous conseille de vous assurer que vous supporterez les attentes de sa famille et que de leur côté ils seront prêts à vous accepter comme vous êtes.

8° Suis-je disposé(e) à être traité(e) comme ses parents se traitent mutuellement?

Cette question est-elle si importante? Vous pouvez m'en croire! Nous avons tendance à reproduire dans notre propre mariage l'atmosphère dans laquelle nous avons été élevés, ce que nous avons vu en grandissant. Lorsque quelqu'un a été élevé dans une famille brisée, la probabilité est plus élevée pour lui de voir son foyer brisé, malgré toute la douleur et l'angoisse qu'impose un foyer où les parents ne s'aiment pas.

Etes-vous disposé(e) à être traité(e) comme son père traite sa mère? Voilà sans doute le traitement qu'il vous réserve une fois qu'il vous aura épousée. Son père était son modèle. De même, elle a tout appris en regardant faire sa mère.

Toute son enfance, Carlos a été le témoin de l'hostilité ouverte entre ses parents. Quand ils se disputaient, son père avait l'habitude de quitter la maison, et parfois pendant plus d'une semaine. Jamais ils n'apprirent à résoudre autrement leurs conflits qu'en explosant de colère pour retrouver bientôt leur calme et "s'embrasser" ensuite, sans vraiment s'être pardonnés.

Il épousa une femme qui ressemblait à sa mère en ce sens qu'elle avait, elle aussi, une forte personnalité. Il ne fallut pas deux ans avant que de sévères disputes surgissent. La plupart du temps, c'était pour des problèmes de suprématie dans le couple. Ils avaient autant peur de "perdre la face" l'un que l'autre. C'est pourquoi Carlos, lorsqu'il se rendit compte qu'il maniait moins bien la parole que sa femme, se mit à faire ce qu'il avait toujours vu son père faire: partir!

Un séminaire au cours duquel les couples évoquent ensemble leurs problèmes conjugaux leur fut d'un grand secours, car ils apprirent à exprimer leurs sentiments au lieu de se lancer des accusations réciproques. Ce stage les aida à sauver leur union.

9° Comment cette personne réagit-elle face aux difficultés et au stress?

Si le temps des fréquentations peut être quelque peu irréaliste (tout y est beaucoup plus séduisant que dans la réalité), le mariage et la vie correspondent à la réalité. Nous vivons dans un monde déchu, imparfait, où tout peut arriver.

- Vous êtes licencié(e).
- Le docteur vous annonce: "Vous avez un cancer et nous devrons procéder à l'ablation de votre sein droit."
- Des joueurs de golf se font foudroyer en pleine partie, ou l'homme en train de changer sa roue crevée sur la voie d'urgence se fait accrocher par une voiture.

- Vous vous retrouvez défiguré(e) suite à un accident.
- Votre santé se détériore.
- De tout jeunes enfants tombent dans la piscine et se noient.
- La maladie vous frappe.
- Les services d'immigration vous retirent votre carte de séjour.

Comment réagit l'élu(e) de votre cœur face aux difficultés et au stress? Parvient-il(elle) à les affronter? En cas de désaccord, est-il capable de dire: "Je suis sincèrement désolé. Pardonne-moi, s'il te plaît. J'accepte de prendre toute la responsabilité de ce qui vient de se produire"? Est-il au contraire du genre à crier: "Ce n'est pas moi!" et à toujours rejeter la faute sur quelqu'un d'autre (probablement vous) quand ça va mal?

Quand les difficultés surgissent, vous jettent-elles dans les bras l'un de l'autre, et à genoux ensemble aux pieds du Seigneur? Quand le malheur frappe – par exemple la perte d'un enfant – cela pèse très lourd sur une relation et il peut arriver que ce poids soit trop lourd pour le couple.

Lorsque Stéphanie fut atteinte du cancer et qu'il fallut prévoir une ablation du sein, son mari la quitta. "C'est trop dur pour moi", s'excusa-t-il. Mais Stéphanie fit remarquer tristement: "S'il y avait une occasion où j'avais besoin de lui, c'était bien ce jour-là, le plus noir de ma vie."

Du fait que nous vivons dans un monde imparfait, nous devons apprendre à surmonter le stress, à nous tourner vers le Seigneur dans la prière et les supplications pour puiser en lui notre force intérieure et ne pas nous rejeter mutuellement la responsabilité de ce qui est arrivé ni prendre la poudre d'escampette. Ce n'est surtout pas en les fuyant qu'on résout les problèmes, il vaut donc mieux apprendre comment y faire face.

10° Est-ce que je connais vraiment cette personne?

"Quelle question! Cela fait des années que nous sommes ensemble pratiquement tout le temps."

Et alors? Quand je pose cette question, je ne demande pas si vous connaissez la couleur de ses yeux (à moins d'être aveugle, vous devez la connaître), le parfum de son rouge à lèvres ni même la pointure de ses chaussures.

Ce qui m'intéresse, c'est de savoir si vous acceptez de vous montrer tel que vous êtes en dessous du vernis social. En clair, parvenez-vous à communiquer à un niveau profond et intime? L'autre peut-il vous exprimer ses sentiments? Avez-vous assez confiance en lui pour librement lui faire part de vos peurs, sans craindre d'être rejeté(e)?

– Mon chéri, jamais tu ne me parles de tes impressions!

– Mais si! Tiens, pas plus tard qu'hier, je t'ai dit que j'avais l'impression d'avoir attrapé un rhume.

Presque tous les mariages qui font naufrage ont ceci en commun: un manque de communication réelle et satisfaisante. Hommes et femmes utilisent les mêmes mots pour se parler, mais finalement, on dirait qu'ils ne parlent pas la même langue. Le plus souvent, les hommes adoptent un point de vue rationnel et logique, alors que les femmes parlent avec leurs "tripes"; néanmoins, toute personne suffisamment motivée peut développer ses compétences en communication, à condition d'y tenir plus qu'au confort du *statu quo* (auquel beaucoup s'accrochent).

Mais vous n'avez pas parlé de l'amour! Serait-ce secondaire?

L'amour est d'une importance capitale, et c'est justement la raison pour laquelle j'ai réservé ce sujet pour maintenant.

Darlene et moi habitions aux Philippines pendant les années 1970, et nous avons travaillé auprès de couples dont le mariage avait été arrangé par leurs parents, le plus souvent dans le but d'accroître la fortune familiale. Bien que, du fait de ma culture, j'y sois a priori opposé, j'ai fini par conclure, à l'expérience, que cette coutume ne comporte pas que des inconvénients.

Comme les parents connaissent les qualités et les défauts de leur progéniture, ils peuvent prévoir assez justement si une union se terminera par un échec ou si elle a des chances de réussir. J'ai découvert progressivement que deux personnes dont le mariage ne tenait pas à des raisons sentimentales ni à une attirance physique parvenaient néanmoins à s'aimer d'un véritable amour. A l'heure où j'écris, pratiquement une génération plus tard, les couples avec lesquels j'ai gardé le contact vivent une relation épanouissante. Ils sont actifs dans leur Eglise. Ils ont visiblement appris à s'aimer.

Cependant, une chose est sûre: eux-mêmes n'auront jamais le loisir d'arranger le mariage de leurs propres enfants. Cette tradition est devenue aussi populaire là-bas qu'un sandwich au jambon dans une synagogue! Ça ne passe plus. On préfère aujourd'hui donner la primeur au choix personnel et aux préférences individuelles.

Parmi ceux qui ont répondu à une enquête de Guidelines concernant les célibataires et leurs façons de penser, 93% ont déclaré qu'ils ne se marieraient que par amour. Ce que je trouve surprenant, c'est que 7% ont affirmé être prêts à se marier avec une personne qu'ils n'aimaient pas.

Qu'est-ce que l'amour? J'en ai déjà donné ma définition au début de cet ouvrage: un engagement inconditionnel, pris envers une personne imparfaite, de répondre à ses besoins d'une manière qui entraîne des sacrifices pour soi-même.

Aimer c'est prendre la décision, l'engagement d'aimer. L'amour n'est pas un état émotionnel déclenché par des hormones en folie! En lisant les dix déclarations suivantes, réfléchissez et dites si elles vous paraissent vraies ou fausses.

1. En matière d'amour et de bonheur, le plus important est de choisir le bon partenaire.

Faux. Le bon partenaire n'est qu'un ingrédient parmi d'autres. Etre soi-même le bon partenaire est plus important. La plupart des problèmes que rencontrent les conjoints ne tiennent pas tant à l'autre qu'à eux-mêmes. Bien des personnes trouveraient tout à fait normal que le mari ou la femme change, mais elles sont elles-mêmes aussi souples qu'un verre de lampe!

2. Personne n'est d'accord sur la définition de l'amour.

Faux. Une étude réalisée sur un échantillon de 1000 personnes a révélé que l'amour a le même sens pour l'immense majorité des individus.

3. En amour, l'intelligence constitue plutôt un handicap.

Faux. Toutes les enquêtes tendent à prouver que les personnes intelligentes sont plus capables de s'adapter aux circonstances changeantes d'une relation de couple. En d'autres termes, elles ont suffisamment confiance en elles pour ne pas souhaiter avoir toujours le dernier mot.

4. L'absence fait grandir l'amour.

Faux. Le proverbe "loin des yeux, loin du cœur" correspond à la réalité. Il est vital de se voir souvent si l'on veut résoudre ses différends et développer une relation toujours plus intime. La séparation entraîne une communication plus difficile et des relations tendues. Si l'absence fait effectivement fantasmer sur l'autre, elle n'aide en rien la relation à mûrir.

5. Les personnes qui croient au grand amour sont généralement instables émotionnellement.

Faux. Des enquêtes effectuées auprès d'étudiants à l'université démontrent que les individus peu enclins à rechercher le grand amour sont "rigides et inhibés". Par contre, les mieux adaptés, et les plus aptes à y mettre du leur pour entretenir une bonne relation, sont ceux qui apprécient une promenade main dans la main au clair de lune, et qui savent dépenser un peu d'argent en parfum et en fleurs.

6. Les hommes sont plus enclins à écouter leur intellect et les femmes leur cœur.

Faux. En fait, une fois qu'une femme a prononcé le oui du mariage, elle s'attache bien plus que l'homme aux considérations matérielles: une belle maison bien meublée, une voiture confortable et un bon statut social. (Je concède cependant que les hommes sont généralement plutôt réticents à dévoiler ce qu'ils ont sur le cœur.)

7. L'homme silencieux et fort se révèle un bien meilleur amant que l'homme bavard et extraverti.

Faux. Une étude émanant de l'Institut américain des Relations familiales montre que le bonheur en amour échoit surtout aux hommes qui sont le plus à l'aise pour exprimer leurs sentiments. Un homme silencieux et soi-disant fort souffre en la matière d'un lourd handicap. Ce qui revient à dire qu'un homme ombrageux l'est surtout parce qu'il éprouve de sérieuses difficultés à exprimer son amour.

8. Les périodes les plus favorables pour tomber amoureux sont l'adolescence et le début de la quarantaine.

Juste. C'est vrai pour les deux sexes, avec un peu de retard du côté des messieurs: il est plus juste de dire, dans leur cas, autour de vingt ans et au milieu de la quarantaine.

9. Quand on aime vraiment quelqu'un, on ne risque pas d'avoir un mariage malheureux.

Faux. Un mariage a besoin de bien plus pour tenir. L'amour ne constitue que l'un de ses nombreux ingrédients.

10. Pour être heureux en amour, il est nécessaire de se montrer sous son meilleur jour.

Faux. Pour connaître et aimer véritablement l'autre, accepter de se montrer tel que l'on est dans toute sa vulnérabilité est absolument indispensable.

Une pensée pour finir

Personne ne peut offrir de garanties en matière de bonheur et d'avenir, mais vous pouvez raisonnablement vous dire que, si vous avez répondu correctement à ces dix questions difficiles, vous avez de grandes chances de trouver la satisfaction que vous espérez tant.

Dans le dernier chapitre, cependant, il ne sera pas question d'un vague avenir de bonheur qui tiendrait à l'hypothétique réalisation de certaines conditions. Ce qui nous intéressera, c'est votre bonheur et votre épanouissement aujourd'hui, à cette minute. Je vous souhaite une bonne lecture de la suite de ce livre.

9

Etre heureux

"Incapables de concevoir un Dieu qui ne considérerait pas le bonheur des hommes comme le but suprême et la raison d'être de l'univers, les adeptes de la spiritualité "je vais bien, tu vas bien" ne peuvent accepter le paradoxe central de la foi: le secret du bonheur consiste à renoncer au droit d'être heureux."

Christopher Lasch

"Ne vous inquiétez pas, soyez heureux!" matraque l'animateur d'une émission radiophonique populaire. Et pourquoi pas? L'ambition de tout un chacun n'est-elle pas d'être heureux? Robert Louis Stevenson l'a écrit: "Le monde est rempli d'un si grand nombre de biens, je suis sûr que nous devrions tous être heureux comme des rois."

Or, nous ne sommes pas toujours heureux. Je ne sais trop comment, nous en sommes venus à croire que:

1. le bonheur est un objectif à notre portée,

2. il suffit de posséder certaines choses, le plus souvent porteuses de pouvoir, richesse et réussite, pour trouver le bonheur.

Comment compléteriez-vous cette phrase: "Si seulement je possédais ________________________________, je serais heureux"?

- Si seulement je trouvais à me marier, comme je serais heureux/heureuse...
- Si seulement je pouvais rembourser ces crédits...
- Si seulement j'étais plus riche...
- Ah! si j'avais une meilleure santé...
- Avec un physique un peu moins ingrat...
- Si seulement je pouvais attirer l'attention de X ou Y...
- Il suffirait que j'obtienne cette promotion et alors...

Nous passons notre temps à tout faire dépendre d'un "si" du conditionnel: "Si ceci pouvait arriver" ou bien: "Si je possédais ____,
alors je serais heureux."

Etre heureux est-il un droit?

Dans la vie, le bonheur est conditionnel. Il dépend généralement des circonstances, de notre environnement, de notre réussite et des plaisirs que nous trouvons ici et là. Le bonheur est semblable à un merveilleux coucher de soleil qui sombre dans le crépuscule: il est momentané et éphémère. Notre culture n'aurait-elle pas un peu trop entretenu l'idée que le bonheur serait un "droit" que nous mériterions d'avoir? Avons-nous de ce fait été induits à croire que Dieu nous serait redevable d'une part de bonheur, et qu'il serait donc légitime de lui reprocher d'en être privés?

Par une froide journée de février, un auditeur de Guidelines, notre radio, nous écrivit ceci: "Dr Sala, comment pourrions-nous être heureux ici dans le Wisconsin, alors que le mercure descend à vingt degrés en dessous de zéro, par temps calme, et que, lorsque le vent souffle, on atteint les moins trente?"

Si les habitants des tropiques, qui n'ont jamais de leur vie manié une pelle à neige, détenaient la clé du bonheur, alors je me rangerais à l'avis de cet auditeur. Or, sous les tropiques, on maugrée sans cesse que "rien ne reste frais", et que les cafards prolifèrent à un rythme effréné. Dans les pays froids on se plaint de ne pas avoir assez chaud... N'y a-t-il pas un milieu où tout le monde soit heureux?

Je me rappelle avoir entendu récemment un orateur demander: "Etes-vous heureux? Sur une échelle de un à dix, dites dans quelle mesure vous êtes heureux." Il enchaîna avec un exposé décrivant les sept marches qui mènent au bonheur, en saupoudrant son allocution de quelques versets bibliques. Cet orateur appartenait à une faculté de théologie renommée, et il jouit lui-même d'une solide réputation de psychologue chrétien pour lequel ni Dieu ni le meilleur de la psychologie n'ont de secret. En l'écoutant, je me suis mis à croire, moi aussi, que Dieu ne veut rien d'autre pour ses enfants qu'un bonheur sans nuage, et que si d'aventure on n'est pas heureux, c'est que l'on passe à côté d'une réalité fondamentale, d'une sorte de droit inaliénable et conforme à la volonté divine. J'en vins à penser: "De deux choses l'une, soit je suis complètement anormal, soit cet homme s'est fourré le doigt dans l'œil!"

La plupart des individus s'imaginent que la vie, la liberté et la poursuite du bonheur sont des droits acquis à perpétuité pour tous, et garantis autant par Dieu que par le gouvernement. Est-ce le cas? J'ai beaucoup réfléchi sur le sujet du bonheur dans la perspective divine. Le bonheur est-il l'objectif que doit poursuivre tout célibataire au sein d'une société de couples?

Je me suis demandé dans quelle mesure avaient été heureux certains des plus éminents serviteurs de Dieu dont nous parlent les Ecritures et les historiens.

Prenons le cas de Paul après sa conversion. Imaginons la scène: il est en train de déguster une royale aux champignons à la pizzeria du quartier, quand il est repéré par un journaliste local. "Frère Paul, nous voudrions interviewer quelques-unes des célébrités qui font la une des journaux, et nous avons pu constater que votre nom paraît souvent dans les colonnes de la Gazette chrétienne. Pourriez-vous nous faire l'honneur de répondre à cette question: 'Sur une échelle de 1 à 10, dans quelle mesure êtes-vous heureux?'"

A mon avis, Paul en serait resté pantois. "Ma parole, mais vous plaisantez ou quoi? Heureux, moi? Comment pouvez-vous imaginer sérieusement une chose pareille? Tenez, je vais vous donner lecture d'un paragraphe d'une lettre à des amis de Corinthe, que je viens juste de terminer. Vous savez, Corinthe, c'est la ville où j'ai été traîné en justice. Ecoutez: 'Nous sommes pressés de toute manière, mais non réduits à l'extrémité; dans la détresse, mais non dans le désespoir; persécutés, mais non abandonnés; abattus, mais non perdus; portant toujours avec nous dans notre corps la mort de Jésus, afin que la vie de Jésus soit aussi manifestée dans notre corps' (2 Corinthiens 4:8-10)."

Paul pourrait clore ainsi son interview: "Si le bonheur était mon idéal, j'aurais depuis longtemps claqué la porte au christianisme. Je me serais offert une belle villa sur la côte d'Azur et j'aurais publié des livres de développement personnel. C'est un créneau qui rapporte, au moins. Par contre, si vous désirez que je vous entretienne de paix et de joie au milieu des tempêtes, là, je ne dis pas, cela pourrait faire l'objet d'une longue série d'articles!"

Vous êtes-vous demandé si Jésus connut le bonheur? A la lecture de sa biographie telle que nous la lisons dans le Nouveau Testament, avez-vous l'impression que le bonheur tient une grande place dans la liste de ses priorités? Pouvez-vous l'imaginer une seconde en train d'insinuer, devant les gens venus l'écouter, que s'ils n'étaient pas heureux, c'est qu'ils ne s'étaient pas saisis de tout ce que Dieu avait en réserve pour eux?

Je ne sais pas si vous êtes comme moi, mais je n'arrive pas à m'imaginer Jésus, en introduction à l'un de ses messages, poser la question: "Sur une échelle de un à dix, dans quelle mesure êtes-vous heureux?"

Lisez également des livres décrivant l'histoire de l'Eglise et interrogez-vous: "Les disciples de Jésus recherchaient-ils le bonheur? Le bonheur figure-t-il en bonne place dans la vie de tous ceux qui ont suivi Jésus, dans celle des pères de l'Eglise ou des Réformateurs qui étaient sans cesse en butte à l'hostilité de la religion établie et des gouvernements?"

La confusion entre bonheur et joie

Ne serions-nous pas en train de nous fourvoyer à cause de tous ceux qui nous racontent que le bonheur est un droit acquis de naissance pour tous les enfants de Dieu et que, si nous ne sommes pas heureux, c'est que Dieu refuse de nous accorder quelque chose de très important, alors que nous y avons légitimement droit?

Répondre de manière positive signifie-t-il que la volonté de Dieu serait de nous voir "malheureux"? Qu'il a envie de nous voir tout de noir vêtus, à boire du vinaigre? Absolument pas! Nous mélangeons tout de nos jours: nous pensons que bonheur est synonyme de joie et vice-versa; comme, de plus, nous nous conformons au système de valeurs d'un monde sans Dieu, nous accordons la priorité au bonheur, ce qui n'a rien de biblique.

Dans l'un de ses derniers articles, le professeur d'Oxford C.S. Lewis écrivait: "Prétendre avoir droit au bonheur est aussi ridicule que de réclamer le droit de mesurer 1,90 m, d'avoir un père milliardaire et de faire la pluie et le beau temps chaque fois que nous désirons sortir en pique-nique."[1] Dans cet article, il s'insurgeait essentiellement contre la légèreté dont font preuve un nombre croissant d'individus, prêts à briser leur foyer sur un coup de tête à cause de leur prétendu droit au bonheur. Mais Lewis ne s'en tenait pas là. "Grâce aux progrès technologiques et scientifiques, poursui-

1. C.S. Lewis, "We Have No Right to Happiness", *The Saturday Evening Post*, avril 1982, p. 44.

vait-il, notre civilisation parviendra peut-être à exister un peu plus longtemps, mais elle sera frappée d'un coup mortel et sera vite balayée, le jour où le bonheur deviendra sa motivation première et son seul but."

Ce qui est bien plus important que le bonheur, c'est la joie, et le bonheur n'est qu'une pâle imitation que le monde lui a substituée. De même que le lapin de Pâques sert d'ersatz mondain à la résurrection, que saint Nicolas a pris la place de l'enfant Jésus et de la crèche, l'idée que se fait le monde du bonheur n'est qu'un misérable substitut, une ridicule parodie de la joie qu'un chrétien peut goûter grâce à une relation verticale avec Dieu, relation spirituelle que les hommes non régénérés ne peuvent concevoir.

A quoi tient notre différence? Comparez, et jugez vous-même:

- Le bonheur dépend des circonstances, la joie les transcende. On peut être joyeux même en n'étant pas heureux.
- Le bonheur est affaire d'environnement: votre maison, votre argent, vos amis, votre santé. La joie est intérieure; elle monte du plus profond de vous-même.
- Le bonheur ne peut être que provisoire (rien ne dure éternellement) mais la joie demeure et persiste après que la beauté s'est fanée.
- Le bonheur n'a que peu de rapport avec Dieu; Dieu est l'essence de la joie.
- Le bonheur n'est que matériel; la joie est spirituelle.
- Le bonheur se limite à la vie ici-bas et maintenant; la joie englobe aussi bien le temps que nous passons sur terre que l'éternité.

Affirmation n° 1: Je m'accepte comme une personne de valeur, précieuse

Tel est le point de vue de Dieu. Comprendre qui vous êtes réellement vous libère de sorte que vous pouvez devenir tout ce que Dieu a prévu pour vous. C'est primordial et fondamental. Quand on a accepté cette vérité, on prend du recul par rapport à bien des problèmes qui rendent les célibataires malheureux.

Affirmation n° 2: Je veux soumettre ma volonté à celle de Dieu en ce qui concerne le mariage

Tout est ici affaire de contrôle: qui est responsable de votre vie? Si vous croyez que vous pouvez la remettre à Dieu, vous pouvez lui dire également: "Seigneur, tu connais les besoins de ma vie bien mieux que moi. Donc, au lieu de me faire du souci quant à mon avenir et à mon éventuel mariage, je veux me reposer sur toi en te faisant confiance. Si je m'efforce de mettre en pratique le verset: 'A chaque jour suffit sa peine, le lendemain prendra soin de lui-même', je sais que je recevrai de toi direction, sagesse, et paix de l'âme."

Affirmation n° 3: Je préfère être dans la volonté de Dieu et célibataire, plutôt qu'en dehors de sa volonté et marié

C'est la volonté de Dieu que certains restent célibataires tandis que d'autres se marient. Si votre priorité première consiste à faire la volonté de Dieu, il vous présentera les personnes qu'il désire vous faire connaître. C'est ainsi que peuvent naître des relations significatives.

Affirmation n° 4: Je refuse de gémir sur mon sort ou de me considérer comme incomplet du fait de mon célibat

De nombreuses possibilités s'offrent aux célibataires, qui sont interdites aux couples, surtout lorsqu'ils ont des enfants: faire la grasse matinée jusqu'à midi, jouer au tennis, voyager, passer du temps avec des amis, s'engager dans le service missionnaire. C'est ce que Paul explique en 1 Corinthiens 7. Les membres d'un couple emploient toute leur énergie à essayer de faire plaisir à l'autre, alors qu'un célibataire peut consacrer plus de temps à faire plaisir à Dieu. La vie d'un célibataire est infiniment moins encombrée que celle des couples. L'essentiel de mon message, c'est qu'il ne vous manque actuellement rien pour être une personne complète. Vous l'êtes déjà aujourd'hui.

Affirmation n° 5: Je veux célébrer mon célibat en Christ

Si vous n'êtes pas très à l'aise avec vous-même, le premier conseil que je peux vous donner, c'est de vous arrêter un moment pour faire plus ample connaissance avec votre personnalité réelle. Faites par écrit l'inventaire de vos qualités, de ce que vous savez bien faire. Mettez en relief les domaines où vous excellez. Découvrez en quoi vous êtes unique. Prenez conscience de toutes les portes que cela vous ouvre, et de toutes celles qui vous seraient fermées si vous étiez marié. Il n'y a pas de mal à se faire plaisir.

Affirmation n° 6: Je décide de sublimer mon énergie sexuelle en la mettant au service d'activités constructives

La sublimation de l'énergie sexuelle passe par l'abandon de ce qui suggère l'activité sexuelle: certains films, livres, magazines et programmes télévisés, certaines pensées. C'était à cela que Paul faisait référence quand il parlait de garder le contrôle de son corps et de le tenir dans la soumission (cf. 1 Corinthiens 9:27). Parmi les plus grands défis à relever par un célibataire, le premier consiste à tenir en respect le dragon de la solitude, et le problème de la sexualité vient juste après. Prenez chaque jour la décision de soumettre à votre volonté toutes les pensées à teneur sexuelle.

Affirmation n° 7: J'interdis à l'amertume de s'insinuer dans ma vie

La seconde lettre de Paul au Corinthiens est l'une des plus chaleureuses et des plus intimes de toutes celles dont nous avons hérité de cet homme remarquable. Les exégètes appellent cette épître "le cœur de Paul", car c'est un texte autobiographique où il découvre ses joies comme ses frustrations. Bien que le célibat ne soit pas expressément mentionné, il ne dissimule pas sa faiblesse et sa vulnérabilité d'être humain. "Nous sommes pressés de toute manière", écrit-il, et le vocabulaire qu'il emploie suggère un stress intense. "Dans la détresse, mais non dans le désespoir", ajoute-t-il, et le mot grec qu'il choisit ici indique qu'il se sentait complètement désemparé devant certaines difficultés.

"Pourtant, je croyais que rien ne résistait à un personnage de l'envergure de Paul!" C'est faux. Certaines des difficultés que nous rencontrons ici-bas ne trouveront une solution et un sens qu'en arrivant au ciel.

"Persécutés, mais non abandonnés; abattus, mais non perdus" et le mot qu'il emploie suggère le pilonnage de la terre qui était compressée, à l'endroit des fondations, pour supporter le poids de l'édifice (cf. 2 Corinthiens 4:8-9). Paul affirmait malgré tout: "C'est pourquoi nous ne perdons pas courage" (4:16).

Comment parvenait-il à faire face sans amertume?

1. Il pratiquait le renouvellement quotidien: "Et même si notre homme extérieur se détruit, notre homme intérieur se renouvelle de jour en jour" (4:16).

2. Il gardait une bonne perspective: "Nous regardons, non point aux choses visibles, mais à celles qui sont invisibles; car les choses visibles sont passagères, et les invisibles sont éternelles" (4:18).

Les circonstances déplaisantes finiront toujours par donner l'un de ces deux résultats: elles se révéleront une bénédiction inattendue ou engendreront l'amertume. Amertume ou bénédiction, le choix vous appartient, par défaut ou par un acte volontaire.

Affirmation n° 8: Je désire que Jésus soit le Seigneur de ma vie entière

Qu'est-ce que cela veut dire? Devenir membre d'une Eglise? Porter une croix autour du cou? Ou bien s'agit-il d'une réalité totalement différente, qui affecte votre manière de vivre, de penser et de considérer la vie?

Quand les disciples appelaient Jésus "Seigneur", il est évident qu'ils n'employaient pas seulement un terme poli et respectueux, comme nous disons "Monsieur" en nous adressant à quelqu'un. Ils croyaient qu'il était Dieu, radicalement différent d'eux, et cependant aux prises avec les mêmes tentations et difficultés.

C'est à ce sujet qu'il entra en conflit direct avec les autorités religieuses de son temps. Quand il dit: "Avant qu'Abraham fût, je suis" (Jean 8:58), il affirma qu'il était Dieu, car cela voulait clairement dire: "Je suis Dieu."

Reconnaître que Christ est Seigneur, ce n'est pas seulement s'attacher à lui en tant que Sauveur et Dieu, mais c'est aussi poser la question de savoir qui est le maître de votre vie. C'est se soumettre à son autorité et lui donner carte blanche pour diriger votre vie.

La peur provoque de nombreuses préoccupations à ce sujet. "Puis-je me soumettre à lui et être certain qu'il apportera le meilleur pour ma vie?" Cette inquiétude me rappelle l'histoire d'un jeune homme venu déclarer à Diogène, le philosophe grec: "Je veux devenir votre disciple." "Très bien, lui répondit le sage, prenez ces deux poissons; fixez-les à l'intérieur de votre habit et on en reparlera dans trois semaines." Trois jours plus tard, tous les chats du quartier étaient devenus ses disciples. Sept jours plus tard, il fut chassé de sa famille, qui ne supportait plus l'odeur pestilentielle. Dix jours plus tard, il revint voir Diogène et, jetant à ses pieds les poissons pourris, il avoua: "C'est plus que je ne puis en supporter. J'abandonne!"

"Quelle admirable consécration, répondit le philosophe, et tout cela à cause de l'odeur de deux misérables poissons pourris."

Dieu est un Dieu bon, qui ne prend pas plaisir à notre malheur ou à notre inconfort. Jamais il ne vous demandera, en gage de consécration et de fidélité, de remplir vos poches de poissons pourris.

Vous souvenez-vous de la question que posait Paul Little au chapitre 2 de ce livre: "Dieu est-il un Dieu bon?" Quand vous y aurez répondu pour vous-même, il vous sera aisé de dire: "Jésus, je m'agenouille devant toi et je te demande de devenir le Seigneur de ma vie."

Voici une application pratique du sens de cette déclaration. Lorsque la Grande-Bretagne intronisera son nouveau monarque, toutes les têtes couronnées et les chefs d'Etats du monde entier se rassembleront à l'abbaye de Westminster. Au moment de placer la couronne sur la tête du nouveau roi, l'évêque de Canterbury remettra à l'honneur une cérémonie vieille de plusieurs siècles. Il se tournera vers l'assemblée en disant: "Je vous présente votre roi légitime. Etes-vous prêts à lui rendre hommage?" A ces mots, une formidable ovation fera résonner les voûtes de la cathédrale. L'évêque s'avancera alors vers le prince à genoux et déposera la couronne sur sa tête. C'est alors qu'il deviendra roi.

Dans votre cœur se trouve un trône, et vous êtes le seul à pouvoir dire: "Seigneur Jésus, règne sur ma vie. Je m'incline devant ton autorité et ta présence." Dès ce jour, votre avenir sera sous sa responsabilité. Vous pouvez lui faire confiance. Il a promis: "Je ne te délaisserai point, et je ne t'abandonnerai point" (Hébreux 13:5).

C'est un roi qui tient toujours parole.

En conclusion

Prenez un stylo et écrivez les pensées qui vous permettront de mettre en pratique les idées développées dans ce livre. Je vous invite aussi à m'écrire toute pensée ou point de vue que vous voudrez bien me faire l'honneur de partager avec moi.

Avant de lire ce livre, je pensais que...

J'en suis venu à me considérer comme...

Mon objectif prioritaire pour l'avenir est...

J'ai appris au sujet de moi-même...

Avec la grâce de Dieu, je vais...

Ce que je suis le plus décidé à changer, c'est...

Seigneur, merci de m'aider à...

Vous pouvez écrire à:
Dr Harold J. Sala
Guidelines International
Box G
Laguna Hills, CA 92654
E-mail: hsala@compuserve.com

Dans la même collection

Apprendre à se comprendre, Dr James Dobson

Pourquoi tant de difficultés dans les couples? Femmes et maris, passez en revue avec ce livre les sources de dépression et retenez les pistes qui vous seront utiles pour apprendre à mieux vous comprendre... et mieux vous aimer. – 224 pages – MB3370

Amoureux pour la vie, E. Wheat et G.O. Perkins

En sa qualité de médecin, Ed Wheat a aidé des milliers de couples à améliorer leur vie conjugale et à construire un mariage plus harmonieux. Dans "Amoureux pour la vie", il vous aidera à dynamiser votre union par le partage, le geste et l'attention restauratrice dont vous pouvez faire preuve envers votre conjoint. – 312 pages – MB3337

En famille avec Dieu, Roy Harrison

Le directeur européen de l'Association pour l'Evangélisation des Enfants rappelle utilement les enseignements bibliques destinés à nous aider à vivre "en famille avec Dieu". Il propose aussi de nombreuses idées d'activités, spirituelles ou de loisir, pour réunir parents et enfants. Un livre plein de bon sens et d'équilibre. – 120 pages – MB3366

Vivre... après le décès de son conjoint, Donald C. et Rita C. Cushenbery

Donald et Rita Cushenbery ont, chacun de leur côté, perdu un conjoint. Ils ont pleuré sa perte, mais ils ont aussi réussi à bâtir une nouvelle vie. C'est de leur propre expérience qu'ils tirent les conseils pratiques proposés dans ce livre. Ils traitent la question des besoins émotionnels et physiques, du lieu de vie, des finances, du remariage, etc.– 112 pages – MB3364